Jorge

São Jorge

Projeto e Realização:
NOVEL EDITORA LTDA
Rua João Bruno Lobo, 33, Sl. 201 – CEP 22780-805
Rio de Janeiro (RJ) – Tel.: (21) 3151-2625

Editor-Chefe: Marcos Maynart
Editor: Marcelo Nobre
Colaboradores: Alexandre Novaski, Jardel Gonçalves e Núcia Ferreira
Editor de arte: Robson Gomes
Tratamento de Imagem: Renato Motta

Copyright © 2016 by Ediouro Publicações Ltda.
Todas as marcas contidas nesta publicação bem
como os direitos autorais incidentes são reservados
e protegidos pelas Leis n.º 9.279/96 e n.º 9.610/98.
É proibida a reprodução total ou parcial, por quaisquer
meios, sem autorização prévia, por escrito, da editora.

Diretoria: Jorge Carneiro e Rogério Ventura
Diretor Editorial: Henrique Ramos
Redação: Editor-chefe: Daniel Stycer

EDIOURO PUBLICAÇÕES DE PASSATEMPOS E MULTIMÍDIA LTDA.
Rua Nova Jerusalém, 345, CEP 21042-235
Rio de Janeiro - RJ.
Tel.: (0XX21) 3882-8200 / Fax: (0XX21) 2290-7185

Distribuição: DINAP Ltda.
Estr. Dr. Kenkiti Shimomoto, 1678
Jardim Conceição, Osasco - SP
Tel.: PABX (0XX11) 3789-3000.

Atendimento ao leitor
0300-3131345 (custo de uma ligação local)
(0XX21) 3882-8300 (ligação local, RJ)

Introdução

Ásia Menor, numa região banhada pelos mares Negro, ao norte, Mediterrâneo, ao sul, e Egeu, a oeste. Foi lá, na Capadócia, localizada no centro da Península da Anatólia, que teria nascido, em 275 d.C., Jorge, um dos santos mais venerados do Catolicismo. Sua história de vida é inteiramente baseada em documentos lendários e apócrifos (escritos por comunidades cristãs e que não seguem qualquer cânon bíblico), entretanto, a devoção a ele é firme, forte e se espalhou pelos quatro cantos do planeta.

Tendo vivido os primeiros anos na Península da Anatólia, Jorge, ainda na infância, mudou-se para o Oriente Médio, mais precisamente para a cidade de Lida, na Palestina, localidade na qual nasceu sua mãe. A mudança ocorreu após o pai dele morrer em uma batalha, pois não havia mais motivos para que a família continuasse na Capadócia. As lembranças e, principalmente, as dificuldades futuras poderiam colocar em risco o rumo do menino cheio de vida e entusiasmo. Por conta disso, a mãe estava convicta de que havia tomado a decisão certa, o que o levaria a trilhar caminhos repletos de pedras, curvas sinuosas e traçados inimagináveis, que conhecemos tão bem nos dias de hoje.

O menino cresceu. Tão logo alcançou a maioridade, buscou a vida militar como profissão. Jorge, que tinha gosto pelas armas, encontrou nelas a forma de vivenciar os combates imaginados na infância. Ele logo se tornou extremamente dedicado ao Exército, e sua habilidade chamou a atenção dos superiores, que o promoveram a patentes cada vez maiores.

A busca interior

Após o falecimento de sua mãe, Jorge entrou em conflito consigo mesmo. Nesse momento, buscou e encontrou o caminho da Verdade que tanto procurava dentro de si. Então, assumiu-se como cristão, uma atitude de altíssimo risco no mundo romano, punida com pena de morte. Porém, como seu nome era bastante respeitado, o imperador Diocleciano lhe ofereceu terras, dinheiro e escravos para dissuadi-lo, pois desejava que o militar deixasse de lado sua crença. Um esforço inútil, já que o rapaz se manteve firme em seus propósitos.

Ótimo combatente, Jorge mostrou aos amigos soldados o tamanho de sua fé, algo que causou mudanças nas vidas dos que o cercavam. Por conta de sua crença ferrenha, foi torturado. Nem a dor insuportável, contudo, o afastou da certeza que o guiava, o que o levou a ser executado, em 303 d.C., por decapitação. Ele foi até o fim acreditando em algo maior, que envolvia toda a população terrena. O Divino se fazendo presente em cada canto, cada apresentação da natureza. Algo extraordinário, do qual ele sentia também fazer parte, portanto nada o faria acreditar em uma fé diferente.

Lida, a cidade de sua mãe, foi o local escolhido para abrigar seus restos mortais. Nela foi erguido um oratório, que pouco tempo depois foi aberto aos fiéis. Anos após o acontecido, outras localidades passaram a ter pequenos templos em homenagem ao guerreiro.

O culto se alastra

Com o passar dos anos, a fé de Jorge se espalhou pelo mundo e o poder de sua crença conquistou muita gente. Como pode um guerreiro arregimentar tanta adoração? O que o levou a carregar dentro de si algo tão fervoroso, que nem a condenação à morte pôde ameaçar? E o que tornou sua alma tão forte, a ponto de morrer pelo que acreditava, em vez de angariar fortunas oferecidas pelo imperador?

Você, agora, tem nas mãos um livro que aponta todos os caminhos percorridos pelo guerreiro Jorge. Sua infância, os tempos de batalha, a morte por acreditar em algo maior, sua crença sendo espalhada pelos quatro cantos do mundo e as principais igrejas que carregam a devoção ao Santo Guerreiro, não só no Brasil, mas em outras partes do planeta. Há ainda orações a São Jorge, ilustrações sobre sua trajetória, depoimentos de fé e os milagres alcançados por muitos.

É a trajetória do guerreiro que nos ensina a lutar pelo que mais desejamos, que nos tira o medo e nos faz acreditar na força interior em busca da felicidade. Um livro para ler, reler e guardar em um lugar especial na estante. Jorge, um mito, um exemplo de superação e foco naquilo em que se acredita.

A fé está dentro de cada um de nós, firme. Pura luz, que nos leva ao desconhecido, ora temido, ora maravilhoso. E essa força é realmente algo tão distante do nosso conhecimento, ou a reconhecemos em cada dificuldade e não nos atentamos a isso?

A trajetória do Santo Guerreiro seria apenas lenda, ou uma grande verdade indubitável? As histórias sobre as ações de Jorge nos mostram, de forma lúdica, a batalha que há em cada um de nós, representada pelo soldado montado a cavalo e com uma lança direcionada para a cabeça do dragão. Jorge é a simbologia do valente lutador que está dentro daqueles que têm fé. São pessoas que matam, de forma simbólica, um monstro a cada instante; um dragão que solta labaredas das quais tentamos nos safar. A faceta do soldado que luta e vence a batalha. Isso está acima de qualquer maldade. É justo, do bem, e irradia força, poder, decisão, fé, esperança e caridade.

MARCOS MAYNART

Sumário

Capítulo I – O despertar de um guerreiro 7

Capítulo II – Fiel a Deus até o fim 16

Capítulo III – A lenda da princesa e o dragão 28

Capítulo IV – As curiosidades sobre São Jorge 38

Capítulo V – Outras histórias envolvendo o mártir 70

Capítulo VI – A saga de Jorge pelo mundo 78

Capítulo VII – As qualidades de um bravo 86

Capítulo I

O despertar de um guerreiro

Filho único e nascido em uma boa família, Jorge cresceu cercado de amor e recebeu uma educação voltada para o Cristianismo, um perigo em tempos de perseguição aos seguidores dessa fé.

No século III, na antiga Capadócia – região hoje pertencente à Turquia –, nasceu o menino Jorge. O ano exato continua sendo motivo de debate até hoje entre historiadores, mas todos concordam que foi entre 275 e 281 d.C. Seu pai e sua mãe eram cristãos de origem grega, do *gens* Anicia, cuja menção inicial no mundo romano remonta ao século IV a.C. O primeiro membro dessa distinta família a obter proeminência foi Lucius Anicius Gallus, que conduziu a campanha contra os ilírios durante a Terceira Guerra Macedônica, em 168 a.C.

Ao menino foi dado o nome Georgios, que em grego significa "trabalhador da terra". Ele viveu uma infância normal, como a maior parte das crianças de sua época, e passou os primeiros anos de vida tendo como base os ensinamentos de fé oferecidos pelos pais, recebendo ainda amor e carinho, imprescindíveis para a formação de seu caráter.

As brincadeiras típicas da infância provavelmente o levaram a decidir que, quando crescesse, gostaria de ser como o pai: um guerreiro respeitado e admirado pelos soldados. A imagem do homem poderoso e onipotente certamente dominou a imaginação do garoto. Assim, a construção de seu futuro tinha como alicerce a força, o poder e a decisão daquele que provia a boa casa em que viviam. Aos poucos, o futuro combatente foi sendo moldado, em meio a parábolas. A espada, devidamente repousada do lado esquerdo do corpo do patriarca da família, refletia muito mais do que a luz que tentava driblar a couraça. Ela era símbolo de luta e conquista para Jorge.

A família

A mãe, Polychronia, nascida na Palestina, na cidade de Lida – existente até hoje, com 67 mil habitantes e integrando Israel –, foi viver na Ásia Menor. Detentora de muitos bens oriundos dos antepassados, ajudava a proporcionar conforto financeiro para a família diante de qualquer dificuldade que viesse a assolá-los, fosse algum problema ocasionado pela perda de um ente querido ou pelas guerras iminentes que irrompiam em diversos lugares daquele velho mundo.

O pai, Gerontius, era militar e vivia em meio a constantes combates. Uma atividade que, para ele, tornou-se corriqueira. Contudo, nem sua ausência – muitas vezes longa – daquela casa o colocava distante da mulher e do filho. O patriarca acompanhava cada passo do pequeno Jorge e tinha na mulher a base de que precisava para que o menino fosse educado, realizando-se com a família abençoada. Restava a ele seguir sua missão em terras desconhecidas e longínquas, suportando a saudade daqueles que deixara na Capadócia. Ele, porém, certamente tinha a exata noção de que era sempre assim com o soldado que partia para mais uma batalha.

Contudo, o destino foi cruel com a harmonia familiar. Em mais um confronto com os soldados inimigos, a tragédia. Quando Jorge tinha cerca de 14 anos, Gerontius sucumbiu ao inimigo e foi morto em uma batalha. A notícia não demorou a chegar aos ouvidos de Polychronia, que, cautelosa, explicou o ocorrido ao filho e decidiu deixar a Capadócia com ele.

A vida em Lida

Viúva, a mãe de Jorge seguiu para sua cidade natal: Lida, na Palestina. Afinal, além de a localidade sempre ter sido seu verdadeiro mundo, ela estava certa de que ali poderia dar um futuro digno ao herdeiro. Saudosa do marido, mas forte, Polychronia passou a educar o filho com todo o esmero e não poupou no uso dos bens que possuía para que o garoto tivesse um ótimo futuro.

Dedicado, Jorge passou o resto da adolescência vivendo como um jovem normal da sua idade, mas a saudade do pai estava presente em todos os momentos. Então, ele decidiu realizar o sonho de menino e seguir a carreira das armas. Seu temperamento de guerreiro, o gosto pelo combate e as inúmeras lembranças do batalhador Gerontius conferiram a ele a certeza de que seu destino era ser soldado.

Os primeiros meses de aula foram suficientes para que Jorge mostrasse empenho, disciplina e muita habilidade com as armas. Nessa época, Diocleciano governava Roma e seu domínio compreendia um vasto império, que se estendia da Península Ibérica à Ásia Menor, e da atual Holanda até o começo do Deserto do Saara. Ele tinha, porém, a pretensão de eliminar todos os cristãos. Atendendo aos anseios do imperador, o governador Daciano, em apenas um mês, matou cerca de dezessete mil deles. O jovem seguidor da fé de Cristo, já integrando o Exército romano, ficou consternado com essa situação de extrema violência. Afinal, cresceu ouvindo os pais falarem sobre os ensinamentos de um Deus verdadeiro. Por isso, ver cristãos morrendo devido à crença se tornou uma enorme dor em sua alma.

Jorge, o soldado romano

O que fazer diante de tanta brutalidade? Seria natural que sua visão sobre os fatos evoluísse para o inaceitável, mas Jorge continuou seu trabalho como soldado. Talentoso, em pouco tempo foi promovido a capitão do Exército romano. Apesar das ações terríveis praticadas por Diocleciano contra os cristãos, sua dedicação ao ofício não havia sido abalada. Tanto que o imperador lhe conferiu, tempos depois, o título de conde da Província da Capadócia, local em que passou boa parte de sua vida.

Em meio às decisões tomadas por Diocleciano – e aplaudidas pelo governador Daciano –, Jorge começou a ser tomado por questionamentos, mas o trabalho como combatente de Roma continuava firme e forte. Aos 23 anos, ele passou a exercer a função de tribuno militar, uma posição de grande prestígio, antes restrita à classe aristocrática da sociedade romana. Consequentemente, passou a residir na cidade de Nicomédia – hoje conhecida como Izmit, na Turquia.

Após a incorporação do Reino da Bitínia à República Romana, ocorrida em 74 a.C. – graças ao fato de o rei, Nicomedes, ter deixado suas terras como herança para Roma –, foi conferida a Nicomédia o status de capital da província. Em 284 d.C., Diocleciano, que via a cidade como estratégica devido à sua posição geográfica, entre os estreitos de Dardanelos e de Bósforo, a escolheu como capital do Império Romano do Oriente. Então, conferiu-lhe riqueza, deixando-a repleta de obras de arte e com uma enorme arena para celebrar, em 304 d.C., sua Vicenália (festa comemorativa dos vinte anos de governo), além de outras estruturas dignas de uma capital.

Nessa localidade, Jorge passou algum tempo de sua vida. Seu trabalho era exemplar, mas ele se via como um homem cristão, que jamais deixaria de acreditar em um Deus único. Aos poucos, sua crença foi dividida com outros soldados, apesar do risco que havia na época por conta da perseguição aos cristãos.

Capadócia, o berço de Jorge

Região importante na História da humanidade, a Capadócia se localiza na Anatólia Central, e é uma área de cruzamento de rotas comerciais desde tempos muito antigos, ligando o Oriente às cidades de Izmir, Éfeso e Pamukkale. Por ela, mercadores transportavam seus produtos e especiarias para serem negociados na Europa. Normalmente, os bens de consumo eram embarcados no porto de Éfeso e chegavam a cidades da Itália e Grécia. Outra rota utilizada era atravessando o Estreito de Bósforo.

Há cerca de 10 milhões de anos, a Capadócia passou a ser alvo de intensas erupções vulcânicas, pois se situa no encontro de duas placas tectônicas: a da Arábia

Vista de parte da região da Capadócia, terra de Jorge, com sua geografia característica.

e a da Anatólia. Com o passar do tempo, erosões provocadas por ventos e rios moldaram a geografia da região, dando origem a uma série de formações geológicas inusitadas, que os homens escavaram para formar moradias nas próprias rochas.

Na Capadócia já foram localizadas quase quarenta cidades subterrâneas, e acredita-se que podem existir várias outras. Uma das mais conhecidas é Derinkuyu, na qual teriam vivido diversos povos, como hititas, romanos e bizantinos. Nela há cerca de vinte níveis subterrâneos, com uma eficiente rede de túneis para circulação de ar, tanto que, no verão, enquanto a temperatura externa beirava os 40°C, a interna variava entre 15°C nos andares superiores e 8°C nos inferiores. Aproximadamente dez mil pessoas viviam na cidade.

A habitação da Capadócia teria tido início por volta de 8000 a.C., mas, embora tenham sido encontrados vestígios de ocupação que romantam a 7000 a.C., o registro mais antigo é o da presença dos hititas, de 3000 a.C. Posteriormente, os assírios, os frígios e os persas dominaram a região. Estes últimos por volta de 500 a.C. Em 330 a.C., Alexandre, o Grande, um dos mais brilhantes generais de todos os tempos, conquistou a Capadócia. No entanto, seu reinado foi breve, assim como sua vida, e os selêucidas passaram a exercer o controle da região até o século II a.C.

Nessa época, o balanço do poder estava começando a pender rapidamente a favor dos romanos, que, após as Guerras Macedônicas, assumiram o domínio de algumas importantes cidades-estado existentes na Anatólia. Esse controle foi exercido por Roma e, depois, pelo Império Romano do Oriente – ou Bizantino – até o século X, quando nômades da Ásia Central, conhecidos como turcomanos, invadiram a região, convertida ao Islamismo.

No século XIII, os mongóis conquistaram a Capadócia, mas, em 1335, tribos turcomanas tomaram de volta a região, fundando a dinastia otomana, que perdurou até o século XX, quando deu origem à moderna Turquia.

O adeus à mãe

Quando sua mãe ficou doente, Jorge sofreu. Contudo, mesmo diante de tamanha aflição ao vê-la com a saúde se deteriorando, ele continuava sua atividade como oficial do Exército, o que a deixava mais animada, já que a matriarca sabia o amor que o rapaz tinha pela profissão. Ela só se preocupava com as ações autoritárias de Diocleciano, que continuava firme com seu plano de matar todos os cristãos. O imperador, então, marcou a data para o Senado confirmar seu decreto. Uma vez aprovado, muitas mortes ocorreriam e em diversos lugares.

Sem resistir à enfermidade, Polychronia acabou falecendo, porém deixou um legado de amor e fé para o herdeiro. O rapaz ficou com toda a riqueza da família, já que era filho único. Então, resolveu vender todos os seus bens e posses e distribuir a quantia arrecadada entre pessoas necessitadas, um gesto que demonstrou bem sua personalidade cristã.

Instalado na corte de Diocleciano, Jorge, com sua garra, força e coragem, foi alçado a cargos cada vez mais altos no Exército. Para completar, o imperador tinha total confiança no soldado, tanto que lhe concedeu o título de *comes* (que deu origem à palavra *conde* e na época equivalia a *ministro, conselheiro*).

Entretanto, algumas iniciativas propostas pelo governante supremo de Roma começaram a mudar toda a situação de conforto em que Jorge se encontrava, colocando-o em grande perigo. Sendo um homem justo, sua reação não tardou quando descobriu os planos de Diocleciano contra os seguidores do Cristianismo.

O imperador acertou com o Senado um édito em que mandava prender todos os soldados romanos que fossem cristãos. Sua ira em relação à crença que pregava um Deus único estava a cada dia mais forte, e ele a deixava transparecer o tempo todo. O combatente que não seguisse as determinações imperiais iria parar atrás das grades. Além disso, Diocleciano desejava promover sacrifícios feitos pelos soldados para que mostrassem não crer em uma única divindade. Essas ações deveriam ser dirigidas aos deuses romanos.

A mão de ferro do imperador

Jorge, ao saber das atitudes de Diocleciano, começou a se mostrar impaciente. Ele desejava, mais do que ninguém, liberdade para poder crer nas palavras proferidas por seus falecidos pais. Sua fé precisava ser preservada, e para ele não havia outro jeito que não fosse contar a verdade para o imperador.

Com a confirmação do decreto que daria início à perseguição aos cristãos – e que entrou para a História por ter sido a mais agressiva já realizada –, todos estavam a postos. Os altos oficiais atenderam ao chamado do imperador e aceitaram a missão de se empenhar ao máximo para eliminar de uma vez por todas a fé cristã. Apenas Jorge se recusou a seguir a orientação. Ele se levantou em meio aos demais e se mostrou incomodado com a situação. Falou abertamente contra os projetos do imperador, confessou ser cristão e, confiando em Deus, estava ali para dar testemunho a respeito da Verdade. Surpreendido, Diocleciano não entendeu o o que desejava aquele que era um de seus melhores combatentes. Enquanto isso, um dos presentes perguntou a Jorge "o que era a Verdade". Sem titubear, o jovem oficial respondeu que o próprio Cristo era a Verdade e reduziu os deuses romanos a falsas divindades, a meros ídolos adorados de forma equivocada.

Tais palavras, ditas por um membro da corte, pôs o imperador em uma situação embaraçosa. O que ele deveria fazer? Qual seria a melhor maneira de mostrar ao soldado que ele estava enganado? Prendendo-o? Diocleciano tentou amenizar a situação. Atordoado pelo discurso corajoso do guerreiro, procurou persuadi-lo a não jogar fora sua juventude, honra e glória, e a oferecer sacrifícios aos deuses romanos, como era o costume. Contudo, Jorge se negou a fazer isso, dizendo que nada na vida iria enfraquecer sua determinação de servir a Deus.

A tolerância de Diocleciano – que foi o primeiro a usar uma coroa de ouro, que se via como uma extensão dos deuses e dizia ser descendente de Júpiter, a suprema divindade romana – se transformou em ira. Sem alternativa, o imperador estava prestes a mandar prender e torturar Jorge, mas ainda tentou uma última cartada: ofereceu-lhe grandes riquezas, como terras, escravos e dinheiro. Acostumado com o poder, estava convicto de que o rapaz não recusaria sua proposta tentadora e deu como certa a mudança de pensamento de seu oficial.

Para a surpresa de Diocleciano, Jorge permaneceu irredutível e recusou todas as ofertas do imperador. Em seguida, voltou a declarar que somente Jesus era o salvador dos homens e que havia nos céus um único Deus vivo, olhando por toda a humanidade. Ele simbolizava o amor, o bem emanado, que jamais poderia ser combatido.

A vida por um fio

A ira de Diocleciano se irradiou por toda a sala. O imperador não tinha mais argumentos para tentar persuadir Jorge de abandonar sua fé na cristandade. O jeito era dar vazão à própria raiva e proporcionar ao jovem oficial do Exército o que ele supostamente merecia pela ousadia de enfrentar o soberano de Roma. Então, deu a ordem para que o cristão fosse levado imediatamente para a masmorra. Armados, os guardas começaram a empurrar Jorge para fora da sala de reuniões com suas lanças, mas o aço mortal se tornou suave e flexível, não causando nenhum dano ao corpo do cristão, que foi posto em um lugar frio e fétido. O ambiente mais temido por qualquer um na época.

Por sua vez, Jorge se manteve firme em seu propósito. Isolado, teve a oportunidade de se lembrar de todos os ensinamentos dados por seus pais e se apegar ainda mais às palavras ditas por eles para ter certeza de que tomou a atitude correta. Em meio a ratos e insetos, manteve a fé intacta e estava certo de que chegaria o momento de provar a todos – e até a Deus – que sua crença era a maior força que carregava dentro de si.

Enquanto Diocleciano pensava no que fazer com o homem em quem confiava, Jorge mergulhava mais em sua própria alma a cada momento. Ele precisava ser firme e forte, pois sabia que dias terríveis viriam pela frente. Tinha certeza de que seu pai e sua mãe estariam tristes por vê-lo naquela situação, mas felizes pelo fato de o filho único carregar fé e esperança.

Capítulo II

Fiel a Deus até o fim

Preso pelo imperador Diocleciano por ser cristão, Jorge é submetido a uma duríssima prova de fé. Torturado de diversas formas, ele reafirma sua crença em Deus e se torna mártir da Igreja.

Fazê-lo desistir da fé. Esse era o objetivo do imperador em relação a Jorge, o guerreiro da Capadócia. Afinal, a crença do soldado em um Deus único e salvador soava para o governante como uma aberração, já que Roma – desde sua fundação, em 753 a.C. –, estava destinada a dominar o mundo com a ajuda de seus deuses. Diocleciano, portanto, não poderia deixar a guarda e o povo romano serem contaminados com o que ele próprio havia declarado ser uma injúria. Para o soberano, o rapaz precisava entender que quem mandava na corte – e em todo o império – não era ele, que, no entendimento do imperador, se aproveitou da confiança depositada para denegrir os deuses romanos.

No dia seguinte à prisão, Jorge foi submetido a um interrogatório. Impotente, mas com o espírito firme, disse ao imperador: "Você vai se cansar de me atormentar mais cedo do que eu vou cansar de ser atormentado por você". Isso enfureceu Diocleciano de tal forma, que a ideia que passou pela cabeça dele foi a de torturar Jorge. Os seguidores do imperador pensaram da mesma forma, sugerindo que tudo acontecesse de forma rápida, precisa e eficaz. O soberano não queria perder um soldado com tamanha qualidade, mas não havia outra coisa a fazer no momento diante da insistência do rapaz em negar os deuses romanos. Por conta disso, encarcerou-o de novo e convocou os responsáveis pela aplicação de diversos tipos de torturas. Após escolher algumas, ordenou o início do processo.

Busto de Diocleciano, imperador romano.

A Tortura de São Jorge, de Michiel van Coxcie (1586), Catedral de Mechelen, na Bélgica.

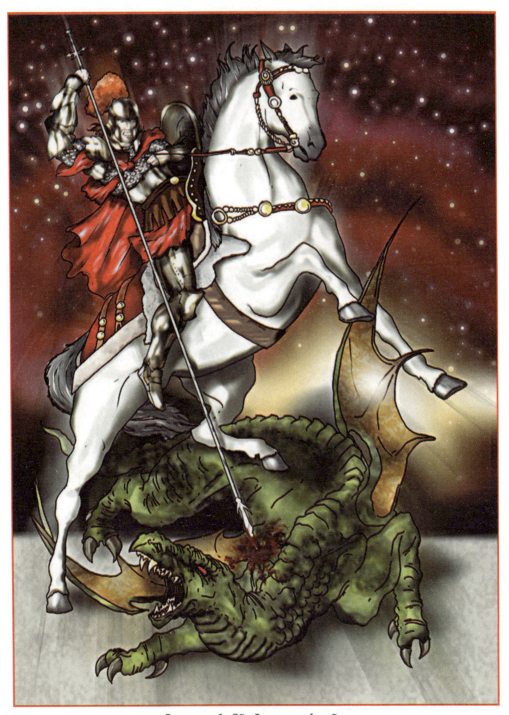

Imagem de São Jorge e o dragão.

A tumba de São Jorge, em Lida, Israel.

Punido pelas palavras

Jorge, quando ouviu o ranger das grades, imaginou que o pior estava para acontecer. Então, dois soldados surgiram, prontos para levá-lo dali. Sem saber o que iria ocorrer, diversos pensamentos percorriam sua mente e se refletiam em seu corpo. Incertezas que inquietavam a alma, provocando calafrios. Seria o início de um delírio ou apenas a própria fé tentando dizer para que ele, mesmo assim, seguisse em frente?

Os soldados que passaram a conduzi-lo desde a masmorra eram seus amigos, mas mantinham as cabeças erguidas enquanto o arrastavam pelos corredores com os braços enroscados nos seus. Estavam sendo movidos pelos ossos do ofício ou por pura adoração aos deuses romanos? Isso não importava para Jorge, que pensava apenas em sair daquela situação de forma digna. Sua crença estava firme e jamais seria abalada, nem com torturas ou com a própria morte.

Os martírios dos seguidores de Jesus ocorridos ao longo dos últimos dois séculos e meio certamente dominavam os pensamentos do rapaz; o sofrimento imposto aos cristãos lhe dificultava o raciocínio. Então, lembranças da infância surgiam em flashes: o pai saindo para o combate e a sua ausência repentina, e a mãe lhe dando afago e conforto. As recordações tiravam um pouco da dor e do temor de Jorge.

A brutal sessão de torturas teve início com o mártir sendo amarrado a uma roda, sob a qual estavam placas perfuradas com pedaços pontiagudos de ferro. À medida que a roda girava, as bordas afiadas cortavam o corpo nu do jovem cristão. No início, Jorge gritou bem alto, mas logo se acalmou e não pronunciou mais nada, nem mesmo um gemido. Diocleciano achou que o militar estava morto, tanto que ordenou que o corpo fosse removido e seguiu para um templo com o objetivo de dar graças aos deuses romanos.

Enquanto isso, um trovão ressoou e uma voz foi ouvida por Jorge. "Não temas, porque eu estou com você." Em seguida, um brilho ocorreu e um anjo tocou o jovem, que se levantou, curado. Atônitos, os soldados levaram o torturado para o templo no qual o imperador estava. Este, ao se virar, não conseguia acreditar no que via e pensou tratar-se de um outro homem, não de seu antigo oficial. Na confusão geral que se seguiu, muitos se convenceram do poder do Deus exaltado por Jorge e se converteram ao Cristianismo. Dois deles foram Anatolius e Protoleon, que já professavam a fé cristã de maneira secreta, mas a assumiram abertamente. Enfurecido, Diocleciano não quis saber de realizar qualquer julgamento e ordenou que os os dois fossem imediatamente decapitados a golpes de espada. A imperatriz Alexandra, que acompanhava o marido, professava secretamente o Cristianismo e ficou a ponto de glorificar Jesus Cristo, mas um de seus servos a retirou do local antes que fizesse isso, levando-a de volta para o palácio.

Enraivecido, Diocleciano mandou trocar o castigo e aumentar a dosagem. Primeiro, mandou que Jorge fosse jogado em um poço profundo e coberto com cal. Três dias depois, soldados cavaram o local e encontraram o cristão ileso e alegre. Depois, obrigaram-no a calçar sandálias com pregos de ferro em brasa e o levaram de volta para a prisão a golpes de açoite.

Pela manhã, quando Jorge foi levado à presença do imperador para um novo interrogatório, já estava com os pés cicatrizados. Com ironia, Diocleciano lhe perguntou se estava gostando dos calçados que lhe deram. Então, o mártir respondeu que eram do tamanho adequado para seus pés.

Os torturadores, em seguida, açoitaram o cristão até que a carne começasse a ser arrancada de seu corpo, mas ele, fortalecido pelo poder divino, permanecia impassível e inflexível em sua defesa da crença em Jesus.

A tortura de Jorge foi brutal. Uma luta sem trégua entre a imposição da crença romana e a fé no Cristianismo. O jovem militar teve o corpo despedaçado com ganchos de carne e teve sal derramado em suas feridas, que eram esfregadas, posteriormente, com um cilício. Em seguida, ele era prensado em uma caixa furada com pregos, empalado em estacas afiadas, mergulhado em água fervente e ferido a golpes de martelo na cabeça. Porém, todo o esforço empregado pelos torturadores de Diocleciano era em vão. Levado de volta à prisão, Jorge foi confortado por Deus e recebeu Dele a informação de que iria morrer três vezes antes de entrar no Paraíso.

Derrotando a magia

O imperador concluiu que seu antigo oficial estava sendo ajudado por alguma magia. Para contornar o que julgava ser uma artimanha de Jorge, o soberano convocou o feiticeiro Atanasius para privar o rapaz de seus poderes miraculosos ou, então, envenená-lo. Para isso, o homem deu ao cristão duas taças com drogas. Em uma delas havia algo para deixá-lo extremamente calmo; em outra, havia veneno para matá-lo. Sem hesitar, o prisioneiro bebeu as duas taças e nenhuma delas exerceu qualquer efeito sobre ele.

Ao questionar Jorge sobre que tipo de poder ele estava pondo em prática, o mártir respondeu que quem acredita em Cristo não tem respeito pelas torturas e é capaz de fazer o que ele fez. Intrigado, Diocleciano quis saber quais foram os feitos de Jesus. Com serenidade, o rapaz afirmou que ele devolveu a visão aos cegos, limpou os leprosos, curou os aleijados, deu a audição aos surdos, expulsou os demônios e ressuscitou os mortos. Ciente de que os romanos jamais foram capazes de devolver a vida aos falecidos, seja por meio de feitiçarias tampouco pelo poder dos deuses, o imperador decidiu testar a capacidade de Jorge, mandando-o ao cemitério para fazer reviver um morto. Ao chegar ao local, o jovem cristão evocou: "Ó Senhor! Mostrai aos aqui presentes que Tu és o único Deus em todo o mundo. Deixai conhecê-Lo como o Senhor Todo-poderoso!".

Então, a terra tremeu, uma sepultura se abriu e um morto saiu ressuscitado dela. Ao verem o poder desse Deus, as pessoas, comovidas, começaram a chorar e a glorificar essa divindade suprema como o dono da Verdade.

Chocado com o que presenciou, Atanasius caiu aos pés de Jorge, pediu perdão por seus pecados e aceitou Jesus Cristo como o Deus supremo. Irado, Diocleciano mandou decapitar o feiticeiro e o homem ressuscitado imediatamente, voltando a trancafiar Jorge na masmorra.

O escuro, o mau cheiro e o frio do local não lhe assustavam mais. Extinguiu-se o medo, mas também a esperança de se manter vivo. Sua reputação de bravo soldado romano foi execrada, porém ele ainda carregava algo inquebrantável: a fé. Ela permanecia lhe dando forças em todos os instantes. Deus continuava vivo dentro dele, e Jorge, ao sentir cada pulsar dessa verdade, abria os olhos e sabia que logo deixaria de ver aquele lugar sombrio. Então, respirava fundo. Aquele cheiro também haveria de ir embora em breve. Seus dias de tormenta estavam chegando ao fim, e ele certamente tinha noção disso. Logo encontraria a paz tão almejada.

O sofrimento do soldado ganhava cada vez mais notoriedade entre o povo romano, espalhando-se por todos os cantos. A certa altura, ele chegou a ter o corpo lacerado em uma roda de espadas. A cada tortura, o capitão era levado à presença de Diocleciano, que lhe perguntava se renegava Jesus. Resoluto, o rapaz dava sempre a mesma resposta: que não iria renunciar à sua fé, pois servia apenas ao Deus vivo e a Ele apenas iria temer e adorar. Jorge, então, se tornou conhecido por sua inabalável fé e coragem, inspirando as pessoas. Sua devoção se popularizou, o que amedrontou o imperador e o fez questionar se a tortura era a forma ideal para combater a fé cristã do militar.

As pessoas, tomadas pela emoção, começaram a ir à prisão com o objetivo de receber a cura para suas enfermidades. Um fazendeiro, Glicerius, cujo boi havia morrido, visitou Jorge e lhe relatou seu problema. O prisioneiro o consolou e lhe garantiu que o animal voltaria à vida. Quando se deparou com o boi ressuscitado, o homem passou a glorificar o Deus cristão por toda a cidade. Furioso ao saber disso, o imperador mandou prendê-lo e decapitá-lo.

As três mortes de um santo

Após todos esses acontecimentos, Jorge continuava sendo torturado. Em uma roda de espadas, ele teve o corpo dilacerado em dez partes e jogado em um poço, selado com uma pedra. Foi a primeira das três mortes dele. Então, Deus apareceu com o arcanjo Miguel e o ressuscitou. Ao vê-lo vivo, um oficial romano, Anatholius, se converteu ao Cristianismo imediatamente, assim como 1.100 soldados e uma mulher. Todos acabaram sendo executados por ordem de Diocleciano.

Descontrolado, o imperador permitiu as mais cruéis torturas para dar fim à vida de Jorge. Ele foi amarrado a uma cama de ferro e chumbo derretido foi despejado em sua boca; foi pendurado de cabeça para baixo sobre o fogo e com uma pedra presa ao pescoço; e teve o corpo serrado ao meio e cozido em pedaços. Esta foi sua segunda morte. Deus, porém, mais uma vez, o fez ressuscitar.

As façanhas e os milagres de Jorge faziam aumentar o número de cristãos. Em uma das sessões de tortura, a imperatriz Alexandra se aproximou do mártir, curvou-se diante dele e assumiu-se como cristã. Em seguida, ela perguntou se era digna do Paraíso, já que não havia sido batizada. O militar respondeu, em tom de profecia: "Não temas, porque teu sangue te batizará". Denunciada como seguidora da fé proibida, Alexandra foi presa com seus servos, Apolo, Isaac e Codratus, e condenada a morrer. Altiva, a imperatriz aceitou seu destino, rezou e estava caminhando com os guardas em direção ao local de sua execução quando pediu para descansar por um momento. Nesse instante, ela se recostou em um muro e entregou sua alma a Deus, falecendo imediatamente. Apolo e Isaac morreram de fome na prisão, e Codratus acabou sendo decapitado. Era o dia 21 de abril de 303.

Tenso com a situação, Diocleciano fez uma última tentativa para obrigar o prisioneiro a oferecer sacrifícios aos deuses romanos e renegar Jesus Cristo. Para isso, foi montado um tribunal no templo dedicado a Apolo.

Na noite anterior, Jorge orou fervorosamente. Durante o sono, ele teve uma visão de Deus, que o levantou com as mãos e o abraçou. Então, após colocar uma coroa sobre a cabeça do seu fiel, o Senhor lhe disse: "Não temas. Tem coragem e tu virás a mim para receber o que foi preparado para ti".

Já pela manhã, Diocleciano fez a Jorge uma proposta irrecusável para qualquer um: tornar-se coadministrador do império, ficando abaixo apenas do próprio soberano. Jorge, contudo, não se sensibilizou e retrucou: "César, tu deverias ter demonstrado misericórdia desde o início em vez de me torturar. Vamos agora para o templo ver os deuses aos quais tu adoras".

Ao chegarem ao templo, o demônio que habitava a estátua de Apolo se manifestou para Jorge. "Eu não sou um deus, e nenhum daqueles como eu é um deus. O único deus é aquele que tu pregas. Nós somos anjos caídos e enganamos as pessoas porque estamos com ciúmes". Em seguida, o cristão bradou: "Como tu ousa permanecer aqui quando eu, o servo do deus verdadeiro, entrei?". Então, barulhos e gemidos foram ouvidos no templo, e todos os ídolos ao redor caíram no chão e ficaram destruídos.

Era o dia 23 de abril de 303. Diante dos olhares incrédulos dos presentes, a imagem do deus romano se despedaçou completamente aos pés de Jorge, causando espanto na população. Imediatamente, um enorme número de romanos se converteu ao Cristianismo. O fato despertou a cólera do imperador Diocleciano. Com o poder supremo em suas mãos, ele decidiu que Jorge seria degolado. Assim, não demorou muito para que a execução acontecesse. O soldado, resignado, deu graças a Deus e orou para que Ele acabasse com sua vida de maneira digna. No local da execução, o mártir pediu que o Todo-poderoso perdoasse os torturadores por agirem na ignorância e afirmou que iria levá-los ao caminho da Verdade. Então, carregando a convicção de sua fé, Jorge inclinou seu pescoço sob a espada. Com o golpe, saiu leite em vez de sangue da cabeça do santo.

Após a decapitação, ocorrida na cidade de Nicomédia, a notícia se espalhou rapidamente e chegou aos ouvidos de todos, provocando pânico em alguns lares. Afinal, havia o medo de que o imperador fizesse o mesmo com outros seguidores do Cristianismo. Por sua vez, a crença de Jorge alcançou até os mais nobres.

A fama tem início

Jorge não renunciou à sua fé e combateu com bravura e resistência todos os que a atacaram. Foi firme em seu propósito. Seus restos mortais foram recolhidos por alguns cristãos, venerados como relíquias – já que todo mártir que morria por sua fé em Jesus Cristo era tido como santo – e levados para Lida, cidade natal da mãe de Jorge, na Palestina, onde foram enterrados.

Prisca, a mulher de Diocleciano, de simpatizante passou a seguidora do Cristianismo. Diversos soldados, assim como boa parte da população, também buscaram a verdade proferida por Jorge da Capadócia. Não havia mais volta. Jesus Cristo se tornara o centro da fé de várias pessoas e a crença se espalhava pelo mundo.

Tempos depois do sepultamento de Jorge, Constantino, o primeiro imperador romano cristão – e que instituiu o Cristianismo como religião oficial de Roma –, pediu que um imenso oratório fosse erguido no local e aberto aos fiéis. Logo, a devoção ao soldado cristão só cresceu, espalhando-se por todo o Oriente.

Expedições militares realizadas séculos depois à Ásia Menor e ao Oriente Médio, que buscavam livrar os lugares santos para o Cristianismo do jugo islâmico – as chamadas Cruzadas –, levaram a história de Jorge para o Ocidente, obtendo grande penetração em diversas regiões.

O culto se espalha

O papa Gelásio I canonizou o bravo mártir no ano 494. Dois séculos após a execução de Jorge – e tendo como pano de fundo suas saga e decapitação –, cinco igrejas dedicadas à sua devoção já estavam erguidas e recebendo fiéis em Constantinopla (atual Istambul, na Turquia), na época pertencente ao Império Romano do Oriente, também conhecido como Império Bizantino ou Bizâncio.

Naqueles tempos, São Jorge já era tido como um dos maiores santos da Igreja Católica. Sua história de vida, luta e fé se espalhava por todos os cantos e inspirava as pessoas. Muitos foram os fiéis que procuraram se espelhar em sua trajetória e seus ensinamentos, além de se aprofundarem nas histórias que envolviam seu nome, ou seja, a crença no santo estava destinada a ser ardorosa.

Jorge, o garoto que nasceu na Capadócia, viu o pai partir e não retornar após um combate, e cresceu ao lado da mãe, que lhe deu todo o conforto, passou a ser venerado por muitos. O soldado que ganhou a confiança do imperador romano Diocleciano e ocupou altos cargos devido ao excepcional trabalho acabou questionando a crença nos deuses romanos, mostrando sua fé convicta em um Deus único e em Jesus, tendo-os como a Salvação e a Verdade. O guerreiro que foi torturado e condenado à morte por decapitação se manteve firme em seu propósito mesmo em meio à crueldade. O homem que se agarrou à fé ultrapassou fronteiras e ganhou notoriedade não só no Oriente, mas também no Ocidente. Hoje, ele é conhecido por todos como o bravo oficial montado em um cavalo sobre um dragão vencido. Um símbolo do bem que derrota o mal, dos desafios que as pessoas precisam superar diariamente em suas vidas. São Jorge se tornou sinônimo de fé, perseverança e persistência.

O que teria dito Diocleciano a respeito de tamanha força contra suas decisões? Qual teria sido sua reação ao saber que a própria mulher havia se convertido ao Cristianismo? E a crença do soldado guerreiro, que, após sua decapitação, cresceu ainda mais?

A reputação de Jorge continuou intacta, e a fé que o soldado tinha em Jesus permaneceu inabalável, apesar dos vários séculos passados desde seu martírio.

Ela continua firme e forte. O santo está em inúmeras igrejas, presente em diversas orações e nos encontros entre as mais distantes comunidades. Está entre ricos e pobres, sem distinção de posição social e de tantas outras condições impostas por uma sociedade muitas vezes injusta consigo mesma. Ele ensinou seus fiéis a guerrear sempre a favor do bem e a nunca esmorecer diante das dificuldades. É o santo que está sempre presente, no amor ou na dificuldade, disposto a mais uma batalha. É São Jorge guerreiro, o soldado da Capadócia, que lutou contra todo o mal mantendo sua fé e sua crença, e ganhando o mundo ao longo do tempo.

Capítulo III

A lenda da princesa e o dragão

Tradição que envolve a trajetória do santo, sua luta para salvar uma cidade de um terrível dragão está eternizada nas incontáveis pinturas e estatuetas com a cena de sua vitória.

Diz a lenda que a cidade de Selena, na Líbia, vivia aterrorizada com a presença constante de um dragão. O ser – de hálito mortífero, do tipo que extingue rapidamente o oxigênio, enrijece os pulmões e impede as pessoas de respirar – vivia nas profundezas de um lago. O local, não tão distante do povoado, deixou de ser atrativo após o aparecimento do monstro, que havia surgido não se sabia de onde.

O dragão era horrível, e toda vez que saía das profundezas do lago, se atirava contra os muros da cidade. Ele causava pânico e aflição à população, que não sabia mais o que fazer para se livrar daquele tormento. Nem mesmo os soldados, tão preparados para os combates, conseguiam dar um ponto final à situação desesperadora. Diziam que a pele do monstro era tão grossa que jamais poderia ser perfurada, nem por uma lança ou por uma espada.

Uma solução polêmica

Para evitar a destruição da cidade, os habitantes passaram a oferecer duas ovelhas diariamente ao dragão. Quando não havia mais delas para serem ofertadas ao monstro, decidiram entregar ao dragão uma vítima humana, que seria escolhida por meio de um sorteio. Assim, toda vez que ele aparecesse, não precisaria se atirar contra os muros nem tirar o ar que todos precisavam para viver.

A ação, a princípio, foi bem-sucedida, e muitos foram os habitantes entregues às garras do monstro. Contudo, muitos adolescentes se queixavam do fato de findarem a vida em plena juventude. Afinal, poderiam ter vários anos pela frente, mas teriam de deixar de lado os amores e a própria existência somente para satisfazerem o gosto de um ser abominável. A revolta era grande, mas os pais, inconsoláveis, mesmo assim atendiam ao pedido terrível, para que a cidade inteira não terminasse em ruínas.

Então, o inevitável aconteceu: o próprio rei local, Selvios – que detestava os cristãos –, viu sua filha, Sabra, de 14 anos, ser sorteada para o sacrifício. Inconsolável, ele ofereceu toda a sua riqueza para que alguém fosse no lugar da jovem, mas as pessoas haviam se comprometido a não permitir substitutos. A entrega da jovem ao dragão aconteceria em uma tarde, à beira do lago. O monarca, de braços dados à moça e inconsolável, a acompanhou até as margens daquela imensidão de água doce. Já a princesa apenas demonstrava sua dor por meio do olhar, que, sem lágrimas, mirava o chão marcado pelas patas do dragão.

O Martírio de São Jorge, pintura de Paolo Veronese, de 1564.

São Jorge representado em quadro pintado por Gustave Moreau.

Assim que a jovem foi posicionada em um estreito barranco, o rei se afastou alguns passos, com medo do que sairia da água, que já começava a se agitar. Em seguida, a marola se tornou uma onda e os olhos do dragão surgiram, vermelhos e ariscos, como os de um imenso lagarto. Em poucos segundos, lá estava ele, com mais da metade do corpo para fora da água. Seu alimento naquela tarde seria especial. Afinal, iria devorar a princesa.

Jorge, o salvador

Antes que o monstro desse o segundo passo em direção ao barranco, um soldado montado a cavalo apareceu subitamente e galopou em sua direção.

A jovem princesa, sem nada entender, permaneceu parada. Já seu pai, agora esperançoso, não conteve o leve sorriso. O cavaleiro da Capadócia havia surgido e sua meta era salvar a jovem das garras do temido dragão. Porém, como Jorge ficou ciente da situação?

Reza novamente a lenda que um eremita lhe contou o caso, falando ainda do sofrimento dos jovens, que eram devorados pelo bicho. Agora, a filha do próprio rei havia sido escolhida. Para salvar Sabra, Jorge fez uma exigência a Selvios: se a resgatasse com vida e desse fim ao dragão, toda a população local deveria se converter ao Cristianismo. O soberano assumiu o compromisso e o militar começou a orar fervorosamente.

Antes mesmo de pular sobre o monstro, Jorge desembainhou sua espada e mostrou a força que tinha na rápida ação que quase resultou na morte do dragão. O soldado, que havia passado a noite na cabana do eremita, apesar de não ter dormido direito, estava ali, firme em seu propósito.

O dragão emitiu um som ameaçador. Sua ira parecia sons de trovão. O rei se assustou ainda mais e Sabra entrou em pânico. Os que olhavam de longe, incluindo os poucos jovens que ainda restavam, correram na direção do portão principal da cidade.

A luta estava declarada, mas algo incomodava o monstro: ele percebeu que aquela espada tinha o poder de perfurar sua pele. Então, calou-se, em um silêncio que atravessou o vale. O vilão, antes confiante pelo peso que sacudia os muros, assim como pelo hálito que soltava labaredas de fogo e cortava o oxigênio, se viu encurralado. Seria o fim da maldade que reinava sobre a pobre cidade?

Estátua de São Jorge na Igreja da Natividade, em Belém, Palestina.

Vitral localizado em Cintra, Portugal.

São Jorge e São Teodoro com a Virgem e Jesus.

A batalha não demorou muito a findar-se, Jorge cravou sua arma no dragão e fez questão de amarrá-lo. Em seguida, solicitou que a jovem arrastasse o monstro até os portões da cidade.

O triunfo do herói

A admiração de toda aquela população evoluiu rapidamente para o êxtase total. Não dava para acreditar que a princesa, tão franzina, puxava aquele gigante terrível como se fosse um simples cordeirinho. Contudo, mesmo diante dessa cena, muitos foram os que se trancafiaram em suas humildes residências e tamparam as narinas com panos umedecidos. Todos tinham medo da falta de ar e enorme pavor da morte que rondava suas janelas. Entretanto, Jorge, o cavaleiro da Capadócia, com a espada firmada na mão direita, assegurou-lhes que não havia mais perigo. Ele estava ali em nome de Jesus, o Deus único, verdadeiro e salvador, para dar a todos a paz tão almejada. Os olhares admirados tornaram-se muitos. Aos poucos, as pessoas foram deixando de lado os panos úmidos e saindo para se encantar com o momento especial.

O dragão continuava cabisbaixo, vencido, derrotado. O bem ganhara seu espaço novamente naquelas ruas. Novas flores haveriam de crescer rapidamente e recuperar o ar tão desejado. Os que não acreditavam em um Deus único se atentavam às palavras de Jorge. Aos poucos, ganhavam confiança e buscavam mais informações. Por sua vez, o santo guerreiro lhes mostrava que a verdade estava dentro de cada um.

Então, diante dos habitantes de Selena, o herói cortou a cabeça do ser, causando euforia geral. Cerca de 45 mil pessoas, incluindo o rei, foram batizadas e convertidas ao Cristianismo. Selvios ofereceu metade do reino a Jorge, mas este pediu apenas que igrejas fossem erguidas, o clero honrado e os pobres tratados com piedade.

A lança salvadora

Outra versão da lenda conta que Jorge chegou a transpassar o pescoço do dragão com uma lança, ainda no lago, matando-o ali mesmo. Sendo assim, a princesa Sabra teria sido libertada e devolvida aos braços do pai sem que o temido ser fosse apresentado vivo ao povo da cidade.

Há ainda uma terceira hipótese que diz ser o dragão um crocodilo alado. Algo que ainda transcende o realismo fantástico, mas está mais próximo da realidade, pelo fato de o vilão ser um animal que realmente existe na Terra.

Independentemente das vertentes que tentam contar essa história, o fato é que a imagem de São Jorge combatendo algo que estava tirando a paz de toda uma população é algo materializado nas imagens vistas nas igrejas e em outros locais de adoração. O dragão sob seus pés e as patas do cavalo é a simbologia escolhida para ilustrar as trevas. Nada mais justa tal representação, já que a imagem de um crocodilo – animal irracional e em harmonia com a natureza – não seria a melhor forma de demonstrar algo do mal.

O sentido da história

Diante das três versões contadas, a princesa Sabra sempre é apresentada como protagonista. Ela está presente na situação como alvo do monstro cruel, e Jorge parte para a batalha com o objetivo de defendê-la. É o amor incondicional, que vai além da imagem do homem e da mulher. É a eterna luta entre a luz e as trevas. No final das contas, o guerreiro consegue, de uma forma ou de outra, salvar não só a jovem, como também toda a população da cidade, que sofria com a crueldade do ser maligno.

Jesus morreu na cruz, e Jorge, como soldado, tem em seu manto o símbolo máximo do Cristianismo. Ela, a cruz, é vermelha, viva, e se destaca quando o homem monta seu cavalo branco. O santo guerreiro sempre está ao lado dos mais fracos e oprimidos para combater o mal que os assola. Não teme nada e sua fé é indestrutível. Ele segue decidido, dando-lhes a paz necessária para que continuem a caminhada na Terra.

Assim, a imagem fixada de Jorge da Capadócia sobre seu cavalo, com a espada em punho e vencendo o temível dragão, que está no chão, subjugado, é uma representação do positivo e do negativo. A simbologia do bem vencendo o mal, da vida sobre a morte, da luz sobre as trevas, da coragem varrendo todo o medo, da paz reinando sobre o lar, que abriga as sagradas famílias. Um quadro representativo da esperança que deve ser cultivada em todos os sentidos. A crença, a fé incondicional, a verdade do Divino que paira sobre todos.

A lenda do dragão é, em sua maior parte, conhecida pelo grande público, e a imagem de São Jorge e o dragão pode ser vista em qualquer igreja relacionada ao seu nome e devoção.

Lua de São Jorge

Outra questão interessante sobre ele é a possível formação de sua imagem na Lua: uma figura gigantesca do guerreiro sobre seu cavalo e combatendo o dragão. Essa relação entre o santo e o satélite natural da Terra também viria de uma antiga lenda, que acabou se tornando crença para muitos.

A Lua, com suas crateras e seus posicionamentos no céu noturno, nos mostra uma parte mais escurecida, que muitos acreditam ser a imagem de São Jorge sobre seu cavalo branco combatendo o monstro. Desde a tenra infância, muitas pessoas são incentivadas a olhar para a Lua cheia no intuito de ver o contorno de um traçado que, possivelmente, mostre esse símbolo: o do guerreiro golpeando o mal. São manchas que representariam, para os fiéis, São Jorge, sua espada, o cavalo branco e o dragão rendido.

Tal história é, sem sombra de dúvida, a que mais leva os fiéis ao conhecimento sobre São Jorge, o guerreiro da Capadócia. Uma passagem simbólica, que pode ter realmente acontecido, mas de outra forma. Uma bela lenda que leva ao mundo da imaginação, do desconhecido. Algo que transcende ainda mais a fé que segue dentro de cada seguidor do mártir cristão.

São Jorge e o Dragão, pintura de Paolo Uccello, século XV.

Detalhe da arte na Igreja de São Jorge, em Melpignano, Itália.

Capítulo IV

As curiosidades sobre São Jorge

O santo guerreiro é cultuado em diversos países do mundo, até mesmo por pessoas de religiões diferentes. Das igrejas mais remotas e antigas, erguidas no século IV, às mais modernas, a fé em São Jorge permanece firme e forte.

A devoção ao redor do mundo

São Jorge, o santo guerreiro, é venerado em diversos lugares do mundo, seja em países, regiões ou cidades. Ele é extremamente popular em nações como Inglaterra, Portugal, Geórgia, Brasil, Lituânia, Sérvia, Montenegro e Etiópia, em regiões como Catalunha (Espanha) e Régio da Calábria (Itália), e em cidades como Londres (Inglaterra), Gênova e Ferrara (Itália), Friburgo em Brisgóvia (Alemanha), Rússia (Moscou) e Beirute (Líbano).

A bandeira da Inglaterra é a cruz de São Jorge.

Inglaterra

Considera-se que a veneração a São Jorge chegou à Inglaterra no século VIII. Seu nome já era mencionado pelos ingleses e irlandeses antes mesmo da conquista normanda, ocorrida em 1066, por Guilherme I. Traços do culto ao santo estavam presentes em uma liturgia do século IX na Catedral de Durhan e em dedicatórias em Fordington, Dorset, Thetford, Southwark e Doncaster. A veneração recebeu um novo impulso quando os cruzados retornaram da Terra Santa no século XII. Na Batalha de Antióquia, travada em 1098, soldados viram São Jorge, São Demétrio e São Maurício combatendo ao lado deles, e a descrição desse acontecimento pode ser visto em várias igrejas.

Acima: o Palácio de Westminster e o Big Ben, em Londres. Ao lado: brasão da Ordem da Jarreteira.

O rei Eduardo III, soberano do país entre 1327 e 1377, tornou-se conhecido por promover códigos de cavalaria e, em 1348, fundou a Ordem da Jarreteira, a mais antiga do país e, ainda hoje, a mais alta comenda do sistema honorífico do Reino Unido. Os membros da ordem são limitados ao soberano, ao Príncipe de Gales e a não mais do que 24 outros membros. Conceder essa honra tem se mantido como uma das poucas prerrogativas executivas remanescentes do monarca em caráter extremamente pessoal. Ainda durante o reinado de Eduardo III, São Jorge passou a ser considerado o santo padroeiro da Inglaterra e da família real.

Maior dramaturgo inglês de todos os tempos, William Shakespeare tratou de eternizar de vez São Jorge na consciência do país em uma de suas mais famosas peças, *Henrique V*, em que as tropas inglesas são reunidas com o grito "Deus por Harry, Inglaterra e São Jorge". Outras duas obras dele, *Rei Lear* e *Ricardo III*, também fazem menção ao santo.

A cruz de São Jorge está estampada na bandeira nacional da Inglaterra e presente na do Reino Unido. Ex-colônias britânicas, Austrália e Nova Zelândia também a possuem em suas bandeiras. Por volta do século XIV, o santo foi declarado patrono da Inglaterra e protetor da família real. Não à toa, ele já deu nome a seis reis ao longo da História. E o bisneto da rainha Elizabeth II, nascido em 2013 e um dos herdeiros do trono, também recebeu o nome do mártir cristão.

São Jorge continua sendo o padroeiro do país até hoje, mas nas últimas décadas a festa dedicada ao santo, comemorada em 23 de abril, tem perdido popularidade. Novas celebrações têm sido feitas para que ele volte a ser venerado pelos ingleses como antes. Especialmente após o renascimento do nacionalismo na Escócia e no País de Gales. Isso tem sido especialmente marcante nos estádios de futebol, para os quais os torcedores têm levado bandeiras com a Cruz de São Jorge, em vez da famosa Union Jack, que é a bandeira do Reino Unido.

Principalmente em Londres, a veneração por São Jorge é muito forte. Em cada uma das faces do Big Ben há seis escudos – 24 ao todo – retratando os braços do santo e representando a bandeira da Inglaterra. No saguão central das Casas do Parlamento – o Palácio de Westminster –, há um enorme

A Catedral de Sameba – ou da Santíssima Trindade –, localizada em Tbilisi, na Geórgia.

O Monastério de Alaverdi, cuja origem remonta ao século VI, tem 55 metros de altura.

mosaico, criado por *Sir* Edward John Poynter, em 1869, descrevendo São Jorge e o dragão.

Por fim, o Dia de São Jorge é comemorado todos os anos na capital inglesa com a celebração comandada pela Grande Autoridade de Londres e o prefeito da cidade. O Palácio de Westminster, anualmente, promove uma recepção e eventos para celebrar o santo padroeiro.

Geórgia

A devoção a São Jorge é intensa na Geórgia, tendo suas origens ainda no século IV, o mesmo em que o santo foi martirizado. Embora o nome do país seja um anglicismo para a expressão *gurj*, em referência a "pessoas heroicas e assustadoras" que viviam na região, há relatos antigos, do começo da Idade Média, de que o fato de a nação ser chamada de Geórgia tem a ver com a fervorosa devoção a São Jorge. Contudo, estudiosos preferem manter isso no campo do folclore.

No século XVIII, o geógrafo e historiador georgiano Vakhushti Bagrationi relatou que havia nada menos que 365 igrejas dedicadas a São Jorge na Geórgia, padroeiro do país, ou seja, uma para cada dia do ano. Uma das maiores e mais conhecidas edificações é o Monastério de Alaverdi, cuja origem remonta ao século VI. A torre, erguida no século XI, tem 55 metros de altura e é a segunda construção religiosa mais alta da Geórgia, atrás somente da Catedral de Sameba – ou da Santíssima Trindade –, com 105 metros, localizada em Tbilisi e fundada em 2004.

A Igreja Ortodoxa da Geórgia comemora o Dia de São Jorge duas vezes ao longo do ano: em 6 de maio (no calendário gregoriano, que corresponde a 23 de abril no juliano) e em 23 de novembro, data instituída por São Nino da Capadócia, responsável por levar o Cristianismo para a região no século IV.

O brasão da Geórgia possui a imagem de São Jorge ao centro.

Um conto muito popular na Geórgia atesta a enorme popularidade do santo no país: "Certa vez, Jesus Cristo, o profeta Elias e São Jorge estavam de passagem pela Geórgia. Cansados e com fome, eles pararam para jantar. Ao verem um pastor, decidiram pedir-lhe alimento. Então, Elias foi até o homem e solicitou uma ovelha. Ao ser questionado sobre sua identidade, o profeta respondeu ser a pessoa que enviou chuva para que tirasse um bom lucro com a agricultura. Contudo, o pastor ficou zangado e contou que Elias também enviou tempestades, que destruíram as fazendas das viúvas. Devido ao insucesso do profeta, o próprio Jesus Cristo foi até o pastor pedir-lhe uma ovelha e disse que era Deus, o criador de tudo. Ao saber disso, o simplório homem se zangou, já que o Senhor era quem levava cedo as boas almas jovens e dava longa vida para pessoas desonestas. Com o fracasso de Elias e Jesus, São Jorge dirigiu-se ao pastor, solicitou-lhe uma ovelha e afirmou ser aquele a que o tal homem sempre chamava quando tinha problemas. Então, o sujeito caiu de joelhos, disse que o adorava e lhe deu tudo".

Essa história é apenas uma das que circulam na Geórgia sobre São Jorge. Há várias outras em diversos lugares do país, inclusive uma que atesta que o exército georgiano foi, em várias ocasiões, liderado por um guerreiro que desceu dos céus em um cavalo branco e que levou o país a vencer batalhas mesmo com forças militares dez vezes menores.

Portugal

Aparentemente, os cruzados ingleses que ajudaram o rei Afonso I na conquista de Lisboa, em 1147, introduziram a devoção a São Jorge em Portugal. Sob o reinado de Afonso IV, a partir de 1325, o uso do grito "São Jorge!" nos campos de batalha substituiu o anterior, "Sant'Iago!".

Nuno Álvares Pereira (1360-1431), conhecido como Santo Condestável – canonizado em 2009 pelo papa Bento XVI –, considerou São Jorge o grande líder dos portugueses na vitória ocorrida na Batalha de Aljubarrota, em 1385, e que consolidou João I, Mestre de Avis, como rei de Portugal. Sete anos depois, uma capela dedicada a São Jorge foi erguida no local que serviu como campo de batalha.

O rei João I (1357-1433) foi um fervoroso devoto do santo. Tanto que, sob seu reinado, ele deu a São Jorge o posto de padroeiro de Portugal, no lugar de São Jaime.

Acima: a Capela de São Jorge, em Aljubarrota, palco de uma importante vitória militar portuguesa. Abaixo: o Castelo de São Jorge, em Lisboa.

Brasil

Como parte do Império Português, o Brasil herdou a devoção a São Jorge, padroeiro dos portugueses. No Candomblé e na Umbanda, crenças de origem africana, o santo é identificado com Ogum, sendo fervorosamente celebrado por todo o país no dia 23 de abril, quando é comum o uso de peças de roupa na cor vermelha.

O culto a São Jorge é especialmente forte no Rio de Janeiro, onde ele disputa a preferência da população com o padroeiro oficial da cidade, São Sebastião.

Estátua de São Jorge na igreja dedicada a ele, no Rio de Janeiro.

Há uma paróquia na zona norte do Rio, a Igreja Matriz de São Jorge, que reúne milhares de fiéis no dia de sua festa. Por conta disso, há uma extensa programação na igreja, incluindo uma procissão pelo bairro de Quintino. No centro da Cidade Maravilhosa há outro local de devoção: a Igreja São Gonçalo Garcia e São Jorge, na Praça da República.

São Jorge, além de ser padroeiro da cavalaria do Exército Brasileiro e dos escoteiros, marca presença até mesmo no esporte mais popular do Brasil, o futebol, sendo venerado no Corinthians, clube paulistano que possui uma das torcidas mais apaixonadas do país.

Lituânia

Nesse país europeu, São Jorge só perde em popularidade para São Casimiro. Seu culto se espalhou a partir do século XV, substituindo os antigos rituais dedicados ao deus pagão da primavera, Pergrubis, já que os dois eram celebrados no dia 23 de abril.

Para a maior parte dos agricultores lituanos, a data é comemorada com oferendas – animais doados às igrejas – e cozimento de pães especiais.

São Jorge no brasão da cidade de Varniai, na Lituânia.

Hoje, várias cidades da Lituânia, como Prienai e Varniai, têm São Jorge em seus brasões.

Bulgária

São Jorge é celebrado pelos búlgaros como "libertador dos cativos, defensor dos pobres e médico dos doentes", e durante séculos tem sido considerado protetor da Bulgária.

O Dia de São Jorge, celebrado sempre em 6 de maio, é tido como o mais importante feriado do país, e um ritual comum praticado nessa data é o preparo de um cordeiro para ser comido. O santo é o padroeiro dos agricultores e pastores.

O Dia de São Jorge é também o Dia do Exército Búlgaro, e desfiles são organizados na capital, Sófia, para apresentar o que o país tem de melhor em termos de armamentos.

Etiópia

O culto a São Jorge chegou à Etiópia no século XV, quando sua história foi traduzida para o idioma local. Então, sua crescente popularidade fez com que se tornasse padroeiro do país.

A Etiópia conta com uma importante edificação dedicada ao santo. Trata-se da Igreja de São Jorge, localizada em Lalibela, uma das cidades mais sagradas do país. Diversos peregrinos vão ao local prestar suas homenagens a ele. A Catedral de Adis Abeba, situada na capital etíope, também é dedicada ao santo.

Por fim, o principal time de futebol do país, o Saint George FC, leva o nome dele.

Itália

Na Itália, São Jorge é padroeiro de cidades como Gênova e Milão, e das províncias de Ferrara e Régio da Calábria. O histórico banco que simbolizou a espinha dorsal da República de Gênova foi dedicado ao santo: o Banco di San Giorgio. Com seu poder passando do comércio para os serviços bancários, a república emprestou dinheiro para todos os países e soberanos europeus, de modo que sua força foi identificada com seu santo padroeiro.

A Igreja de São Jorge, em Lalibela, na Etiópia, foi construída no século XIII.

Em toda a província de Ferrara, o culto a São Jorge é notável pela crença medieval de que o dragão que o santo derrotou habitou o Rio Pó. Na verdade, o ser tem que ser considerado uma metáfora para o medo do rio, pois frequentes inundações ameaçavam destruir completamente Ferrara e os pequenos povoados próximos. A antiga e a mais recente catedral – do século XII – são dedicadas a São Jorge.

Outras importantes igrejas com o nome do santo da Capadócia estão no sul da Sicília, nas cidades de Modica – cujo patrono é São Jorge – e Ragusa. Ambas estão na lista de Patrimônio Mundial da UNESCO.

Alemanha

Abbot Hatto, da Ilha Monástica de Reichenau, ergueu uma igreja dedicada a São Jorge após ter recebido algumas relíquias das mãos do papa Formoso, no final do século IX. Algum tempo depois, ainda no mesmo século, o arcebispo de Mainz contribuiu para aumentar a veneração a São Jorge.

A imponente Igreja de São Jorge, em Modica, Itália.

A bandeira da ilha italiana da Sardenha (acima) e o brasão de Milão (ao lado) possuem a cruz de São Jorge.

Estátua representando o santo guerreiro, em Modica, Itália.

Acima: o imperador Maximiliano I, do Sacro Império Romano-Germânico, que escolheu São Jorge como seu protetor pessoal. Ao lado: página do *Georgslied*.

O *Georgslied*, um conjunto de poemas e hinos a São Jorge, escrito em alto alemão antigo, foi composto na Ilha de Reichenau. Ele possui 57 versículos e está em Heidelberg.

Em 1056, o arcebispo Anno II, de Colônia, ergueu a Basílica de São Jorge, uma das 12 igrejas românicas da cidade. Durante a Idade Média, São Jorge foi escolhido para ser o santo padroeiro da Ordem dos Cavaleiros Teutônicos, uma das mais poderosas e influentes da Europa na época das Cruzadas, cujos integrantes eram os soberanos e membros da nobreza dos estados que mais tarde deram origem à Alemanha. Ela existe até hoje, mas está sediada em Viena, na Áustria, como uma ordem clerical composta por sacerdotes, padres e freiras que trabalham principalmente com objetivos assistenciais.

O imperador Maximiliano I, que governou o Sacro Império Romano-Germânico entre 1486 e 1519, e conhecido como "O Último Cavaleiro", escolheu São Jorge como seu protetor pessoal.

O santo é padroeiro da cidade alemã de Friburgo em Brisgóvia e aparece nos brasões de várias cidades do país, como Bamberg, Eisenach, Bürgel, Schwarzenberg e Mengeringhausen.

Canadá

O Dia de São Jorge é feriado em duas províncias canadenses: Newfoundland e Labrador. Porém, a data é celebrada sempre na segunda-feira mais próxima do dia 23 de abril.

A Igreja Ortodoxa Grega de São Jorge atende a uma larga comunidade de gregos ortodoxos no Canadá.

Brasão da cidade de Montreal, no Canadá, com
a cruz de São Jorge ao centro.

Igreja do século XII em Stari Ras, na Sérvia.

Sérvia

Đurđevdan, o Dia de Jorge, é um feriado religioso de grande importância no país, celebrado no dia 6 de maio (segundo o calendário gregoriano) e ligado à tradição de comemorar o início da primavera. Ícones em que São Jorge aparece montando em um cavalo e matando o dragão são comuns na Sérvia.

No século XII, uma igreja dedicada a São Jorge foi construída na cidade de Ras – atual Stari Ras – pelo rei Stefan Nemanja.

Bélgica

Em Mons, São Jorge é celebrado anualmente em um evento que ocorre sempre no domingo seguinte ao de Pentecostes. No centro da cidade, uma reconstituição da luta ocorrida entre o santo e o dragão é encenada por 46 atores.

De acordo com a tradição, os habitantes de Mons tentam pegar um pedaço do dragão durante o combate, pois a lenda afirma que quem conseguir isso terá sorte durante os próximos 365 dias. O evento é parte do Festival de Ducasse e é acompanhado por milhares de pessoas.

Palestina

São Jorge é celebrado pelos cristãos palestinos e por vários muçulmanos, especialmente nas áreas ao redor de Belém, onde se acredita que ele viveu a infância. As casas de cristãos podem ser identificadas com uma imagem do santo – conhecido como Mar Jirjes – gravada em pedra na parte da frente, para dar proteção.

Na praça principal da cidade de Beit Jala, a oeste de Belém, há uma estátua de São Jorge que mostra o santo em seu cavalo lutando contra o dragão. Em outra cidade, Al-Khader, também a oeste de Belém, existe um mosteiro do século XVI dedicado a São Jorge.

No Wadi Qelt, perto de Jericó, está situado o Mosteiro de São Jorge, que começou a ser erguido no século V por João de Tebas, alguns anos após monges passarem a habitar a região em busca da mesma experiência vivida pelos profetas no deserto. Destruído em 614 pelos persas, que massacraram os quatorze

O Mosteiro de São Jorge, na Palestina, começou a ser construído no século V.

monges que moravam ali, o local passou por algumas tentativas de restauração em 1179, na época dos cruzados. Somente em 1878 o mosteiro voltaria a ter vida, quando o monge grego Kallinikos o restaurou até 1901. Os crânios e as ossadas de todos os monges martirizados pelos persas em 614 ainda podem ser vistos na capela.

Por fim, em Israel, na antiga cidade romana de Lida – terra natal de Polychronia, mãe do santo – está Lod. A igreja ortodoxa grega de São Jorge é o lugar do enterro dele. No dia dedicado ao mártir que derrotou o dragão, há um grande evento em sua homenagem, que conta com as presenças do patriarca greco-ortodoxo, de cristãos árabes locais e de pessoas de todas as partes do mundo.

Espanha

No país ibérico, São Jorge é considerado o santo padroeiro do antigo Reino de Aragão, cujo território compreende hoje as regiões espanholas de Aragão, Catalunha, Valência e Ilhas Baleares.

Atualmente, São Jorge é padroeiro das regiões da Catalunha e Aragão. O dia 23 de abril é um dos mais importantes feriados para os catalães, no qual é costume dar presentes para as pessoas amadas. Geralmente, rosas vermelhas são dadas para as mulheres, e livros para os homens. Em Aragão é também feriado, celebrado como Dia Nacional.

Nas regiões de Castela e Leão, o dia 23 de abril também é feriado por conta da devoção a São Jorge.

Armênia

Em Mughni há um monastério dedicado a São Jorge que foi mencionado pela primeira vez em 1278. Diz a tradição que nele estão algumas relíquias ligadas ao santo.

Egito

Na capital do país, Cairo, há uma estação de metrô com o nome do santo, a Mar-Girges. Além disso, várias igrejas e monastérios são dedicados a São Jorge.

A cruz de São Jorge está presente no brasão da cidade de Barcelona, na comunidade autônoma da Catalunha, na Espanha.

Grécia

São Jorge é bastante querido e venerado na Grécia. Ele é padroeiro do Exército grego, assim como de diversas cidades e vilas no país, como Nemea, Nigrita, Vevi, Eratyra, Ierapetra e Arachova, entre outras.

Índia

Há numerosas igrejas dedicadas a São Jorge no país, especialmente na região de Kerala, no sul da Índia, onde é forte o Cristianismo Ortodoxo. No distrito de Kottayam, próximo ao Rio Kodoor, há uma igreja ortodoxa dedicada a São Jorge que foi erguida no século XVI na vila de Puthuppally. Ela é famosa por atrair peregrinos de toda Kerala.

Igreja dedicada a São Jorge, em Puthuppally, Índia.

Há também uma igreja católica romana dedicada ao santo em Puthiyatura. Em Tamil Nadu existe outra edificação em homenagem a São Jorge, e nela o santo é celebrado por dez dias, anualmente, a partir da segunda sexta-feira de maio.

Líbano

São Jorge é o santo padroeiro de Beirute. Diversas áreas ao longo da costa libanesa possuem referências ao santo, especialmente a Baía de São Jorge, na capital do país, onde, segundo a tradição local, o dragão teria vivido e sido morto.

No Líbano, acredita-se que São Jorge teria limpado sua lança em uma enorme caverna rochosa com vista para a bela Baía de Jounieh. Contudo, outros argumentam que isso teria ocorrido na Baía de Tabarja. Seja como for, existe a crença de que as águas de ambas as cavernas possuem poderes milagrosos de cura para crianças em dificuldade.

A Baía de Jounieh, no Líbano, onde São Jorge teria limpado a lança após matar o dragão.

Um antigo ícone dourado de São Jorge na Catedral Ortodoxa Grega, em Beirute, é, há vários séculos, uma grande atração para ortodoxos, coptas, católicos, maronitas e muçulmanos. A popularidade do santo pode ser atestada pela elevada quantidade de igrejas que levam seu nome.

Montenegro

O culto a São Jorge é generalizado em Montenegro, onde ele é um dos santos padroeiros. Assim como na Sérvia, seu dia – conhecido na língua local como Đurđevdan – é um feriado religioso importante.

Uma das ilhas de Montenegro leva seu nome e tem um mosteiro dedicado ao santo.

Interior da igreja dedicada a São Jorge em Qormi, Malta.

Malta

São Jorge é um dos santos padroeiros das ilhas mediterrâneas de Malta e Gozo. Em uma batalha entre os malteses e os mouros, em 1429, ele teria sido visto com São Paulo e Santa Ágata protegendo os primeiros.

Duas paróquias são dedicadas a São Jorge em Malta e Gozo, respectivamente, a de Qormi e a de Victoria. Ele também é patrono de Victoria, onde uma basílica é dedicada a ele.

O Mosteiro de São Jorge, em Meshtaye, Síria.

Estados Unidos

Além de padroeiro dos Escoteiros – uma instituição de grande importância nos Estados Unidos –, São Jorge é patrono do Exército norte-americano.

Síria

São Jorge é um dos santos mais célebres na Síria, especialmente entre as igrejas de Antióquia. O histórico Mosteiro de São Jorge, em Meshtaye – aldeia próxima à cidade de Homs –, é um complexo religioso ortodoxo grego que

Brasão de Moscou, com a imagem de São Jorge.

remonta ao século V. Ele é composto por três igrejas, erguidas, respectivamente, nos séculos V, XIII e XIX. A mais antiga é inteiramente construída em estilo bizantino. O local é um dos mais movimentados destinos para a maioria dos peregrinos locais e estrangeiros, principalmente na Festa de São Jorge e na Festa da Elevação da Santa Cruz, em 14 de setembro.

Rússia

O culto a São Jorge chegou à Rússia no século XI, durante o reinado de Yaroslav, o Sábio (1010-1019). O mais antigo ícone do santo está em Staraya Ladoga, em uma igreja dedicada a ele, que data do século XII. O culto, assim como na Lituânia, foi adaptado a partir da veneração a uma divindade pagã, o deus do sol, Dazhbog.

São Jorge era o santo padroeiro de Yuri Dolgorukiy, que reinou de 1149 a 1151, e de 1155 a 1157, fundando a cidade que viria a se tornar a capital russa, Moscou, em 1156. Aliás, Yuri é o nome russo para Jorge.

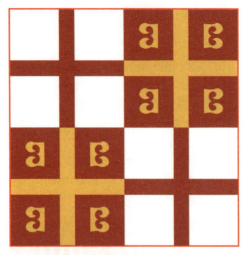

Bandeira do Império Bizantino, com a cruz de São Jorge.

O brasão original de Moscou exibia um soldado montado em um cavalo e matando um dragão. A partir de 1730, São Jorge foi adotado oficialmente como padroeiro da capital russa, e o soldado passou a ser interpretado como o santo.

Há várias estátuas de São Jorge e o dragão em Moscou, sendo todas recentes, já que a Igreja Ortodoxa Russa proibia representações esculturais de santos e o regime soviético desencorajava os emblemas religiosos.

O brasão de Moscou também aparece no da própria Rússia, como um pequeno escudo no peito da águia de duas cabeças. Duas das mais altas condecorações do país são a Cruz de São Jorge e a Ordem de São Jorge.

Inspiração para a arte

Além de já ter sido retratado em incontáveis pinturas e esculturas ao longo dos séculos, São Jorge também já serviu como inspiração para uma novela escrita por Glória Perez e exibida em horário nobre na Rede Globo. Trata-se de *Salve Jorge*, trama que tinha como protagonista Theo (Rodrigo Lombardi), capitão do Exército brasileiro e devoto do santo, que se apaixona por Morena (Nanda Costa), uma moça destemida e guerreira. Os dois enfrentam inúmeros desafios após ela ser vendida como escrava sexual no exterior. O folhetim foi exibido entre outubro de 2012 e maio de 2013. A música "Alma de Guerreiro", de Seu Jorge, foi tema de abertura da novela e o nome do santo é citado diversas vezes na canção, que foi um sucesso na época.

Jorge Ben Jor é outro que canta uma música sobre o santo. Trata-se de "Jorge da Capadócia", que já foi interpretada por cantores como Caetano Veloso e Fernanda Abreu. Na música "Flash on the Blade", da banda inglesa Iron Maiden, São Jorge também é mencionado.

Jorge serviu de inspiração para inúmeros livros, já foi capa de disco e é adorado por diversos artistas e fãs que o acompanham. É um santo amado por milhões de pessoas ao redor do mundo.

São Jorge como santo auxiliar

Você sabe o que são santos auxiliares? Eles são intercessores contra algumas doenças que assolam a humanidade. Quatorze são os santos que, na questão espiritual, ajudam na cura de diversos males e enfermidades tão comuns. As preces – ou litanias – são formas de oração que consistem em uma série de curtas invocações, sendo intercedidas pelos santos conforme as datas a seguir:

FEVEREIRO

Dia 3 – São Brás
Viveu na Armênia entre os séculos III e IV. Mártir, bispo e santo católico. Auxilia na cura das doenças da garganta e também é protetor dos animais domésticos.

ABRIL

Dia 23 – São Jorge
É um dos santos mais venerados do Catolicismo (Romano, Ortodoxo e Anglicano). Foi soldado romano do exército do imperador Diocleciano e tornou-se mártir cristão. Intercede pela saúde dos animais de estimação.

MAIO

Dia 8 – Santo Acácio
Mártir da Igreja Católica Romana. Assim como São jorge, também foi um santo militar. Auxilia nas enfermidades relacionadas à cabeça.

JUNHO

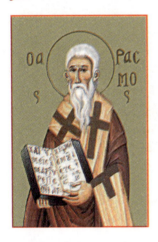

Dia 2 – Santo Erasmo
Padroeiro dos marinheiros, também é conhecido como Santo Elmo ou São Telmo. Sua intercessão acontece nos males ligados ao intestino e ao ventre, inclusive nas dores do parto.

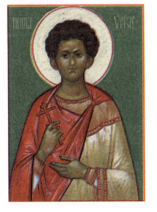

Dia 15 – São Vito
É originário da Sicília, na Itália. A Festa de São Vito, realizada nos fins de semana, entre os meses de maio e julho, no bairro do Brás, em São Paulo, é uma das celebrações italianas mais conhecidas da capital paulista. O santo católico intercede de forma ampla, desde os males decorrentes de uma tempestade – inclusive quando resulta na morte de uma pessoa –, até em caso de epilepsia. Também é intercessor na proteção de animais domésticos.

JULHO

Dia 20 – Santa Margarida de Antióquia

A santa cristã foi uma mártir que morreu virgem. Auxilia contra os ataques oriundos das trevas e em questões que envolvam o parto.

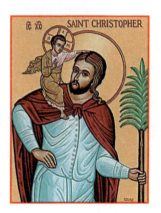

Dia 25 – São Cristóvão

Venerado por católicos romanos, ortodoxos e umbandistas, é um dos santos mais populares do mundo. É intercessor contra os perigos no trânsito, padroeiro dos motoristas.

Dia 27 – São Pantaleão

Viveu no século IV. Auxilia na intercessão contra o câncer e a tuberculose. É protetor dos médicos.

AGOSTO

Dia 8 – São Ciríaco
Assim como Jorge, foi morto por ordem de Diocleciano e tornou-se um mártir cristão. Auxilia a humanidade contra a tentação no leito de morte.

SETEMBRO

Dia 1 – Santo Egídio
Este santo católico era eremita. Originário da Grécia, passou a seguir seu caminho de forma solitária após a morte dos pais. Viveu em uma abadia na comuna francesa de Saint-Gilles, hoje um local de peregrinação para quem faz o famoso Caminho de Santiago. Intercede pelos andarilhos, inválidos e ferreiros. Auxilia na boa confissão e é contra a praga.

Dia 20 – Santo Eustáquio
Mártir cristão e santo militar; auxilia nas brigas e em outras discórdias familiares.

OUTUBRO

Dia 9 – São Denis
Foi bispo de Paris no século III e é venerado como padroeiro da Cidade Luz. Assim como Santo Acácio, ele intercede contra os problemas relacionados à cabeça.

NOVEMBRO

Dia 25 – Santa Catarina de Alexandria
É conhecida como a Grande Mártir Santa Catarina. A própria heroína francesa Joana d'Arc alegou tê-la visto por diversas vezes. Auxilia contra a morte súbita.

DEZEMBRO

Dia 4 – Santa Bárbara
Bárbara de Nicomédia foi uma virgem, mártir do século III. É santa cristã na Igreja Católica Romana e na Igreja Ortodoxa. Assim como Santa Catarina de Alexandria, também intercede contra a morte súbita. Auxilia na recuperação da temperatura do corpo, ou seja, age contra a febre. É também intercessora na morte decorrente da tempestade, assim como São Vito.

Como as intercessões e preces começaram

A temível Peste Negra, como ficou conhecida a peste bubônica, fez milhões de vítimas na Europa no século XIV e foi motivo para uma devoção iniciada na região da Renânia, hoje parte da Alemanha. Tornou-se intensa cerca de duzentos anos depois. Um dado interessante sobre as datas dos santos é que, diante dos meses e dias distintos para festejar cada um deles, no dia 8 de agosto os catorze santos são comemorados.

Na Baviera, um dos dezessete Estados Federais da Alemanha, mais precisamente em Bad Staffelstein, a Basílica de Vierzehnheiligen, construção barroca erguida entre 1743 e 1772, tem dedicação frequente aos santos auxiliares. Um grande número de peregrinos visita a igreja entre os meses de maio e outubro. É o maior templo do mundo voltado aos santos auxiliares. Na Baviera, eles são honrados sob o título Vierzehnheiligen, ou seja, "Catorze Santos" em alemão.

Conclusão

A forte crença de Jorge da Capadócia fez com que o mundo o abraçasse nos séculos que se seguiram à sua morte. As homenagens póstumas são feitas até hoje e muitos são os fiéis que carregam consigo a garra de não se deixar esmorecer, exatamente como ele fez.

Sua presença é marcante em vários lugares do mundo e nas mais diversas formas. São Jorge pode ser visto em igrejas, em letras de músicas, em livros, nas bandeiras de cidades e até como padroeiro de escola de samba. É um santo que abraça a todos, sem distinção. Foi um homem que lutou pelo seu direito de amar a Deus e hoje tem sua força representada na luta entre a luz e as trevas; aquele que, montado em um cavalo, derrotou o dragão.

Jorge foi um soldado que perdeu um dos postos mais altos do Exército romano, que abriu mão de adquirir bens materiais para sofrer as dores do corpo e da alma em nome de sua fé em Deus. Por conta disso, ganhou o mundo. Uma inspiração para cada fiel que o celebra ao longo dos meses do ano.

Capítulo V

Outras histórias envolvendo o mártir

O Santo Guerreiro, de acordo com as regiões que o cultuam, ganhou tradições peculiares. O primeiro passo foi dado pelo imperador Constantino, que adotou o Cristianismo em Roma.

As lendas e suas lições

As histórias lendárias que cercam São Jorge persistem até os dias atuais e impressionam a todos. Sejam de origem europeia, asiática ou brasileira, esses mitos são parte das tradições que giram em torno do santo e continuam firmes entre seus devotos.

Tudo indica que sua imagem associada à Lua é um folclore puramente brasileiro. A ideia de que a figura de Jorge derrotando o dragão está registrada no satélite natural da Terra pode ser resultado da influência de algumas religiões de origem africana. Na Umbanda, ele corresponde a Ogum, um orixá de energia totalmente masculina, e é o "santo das batalhas". Suas vibrações femininas são encontradas na Lua. O recorte da mancha vista quando a fase do satélite é cheia indicaria a imagem de São Jorge montado a cavalo e combatendo o dragão. Um traçado que, ao ser minuciosamente observado, se assemelha realmente a essa figura.

A lenda sobre a batalha entre Jorge e o dragão é de origem europeia e conta a história de uma princesa que seria devorada pelo monstro, mas acabou sendo salva pelo soldado, que, além de tirá-la das garras do mítico ser, salvou a cidade das maldades dele e converteu seus habitantes ao Cristianismo. Protegeu a localidade, cujo rei, pai da moça, estava em apuros, tendo perdido sua capacidade de governar devido ao cruel dragão.

A indumentária peculiar

Uma questão importante diz respeito às cores que regem a imagem do guerreiro sobre o cavalo branco no combate ao dragão. A brancura do equino pode não ser tão relevante, mas torna-se um ponto importante no conjunto de toda a figura. O jogo dessas cores – a do cavalo, a da armadura romana e a cruz vermelha associada ao santo – monta um conjunto harmônico perfeito, de bastante beleza. A cruz, aliás, foi inserida na trajetória de São Jorge por volta do século XII, quando a Inglaterra a adotou em sua bandeira; um símbolo criado durante uma das Cruzadas. A roupagem de Jorge é tipicamente romana. Como ele foi um tribuno militar, a armadura expressa claramente o homem guerreiro, o soldado das batalhas.

Já o dragão é o símbolo das trevas, o vilão da história. Sobre ele está o bem, devidamente amparado, seja pela couraça seja pela força de todo o conjunto. Seria o monstro a representação de outro ser presente na história, o próprio

Demônio? Ou a luta de Jorge contra seus próprios instintos mais humanos: a batalha do homem que erra, peca e combate as maldades que atormentam a mente?

A força imbatível

Quando Jorge recebeu uma proposta para ganhar terras, ouro e moedas para se converter à adoração aos deuses romanos, foi preciso lutar contra a ganância (dragão), mesmo que ela tenha sido alheia. Ao ser torturado, o guerreiro travou a grande batalha do espírito e do corpo, a guerra para se ver livre da dor nos ossos, nos músculos e na própria alma, por ser testemunha de tamanha atrocidade. Era o bem contra o dragão que estava ali, no íntimo dele mesmo, corroendo-lhe a alma a cada segundo. Uma guerra que precisava ser vencida, em que a arma principal era a fé. Jorge provou quanto ela era forte e certeira, e foi até o fim tendo isso como baluarte. Perdeu a guerra por ter sido decapitado? Claro que não. Venceu, e as honrarias são vistas até hoje na aclamação dos fiéis em relação a ele, que é um dos santos mais adorados do mundo.

O respeito a São Jorge é tamanho, que ele está inserido em diversos lugares, não só em igrejas. O guerreiro é visto na arte, no esporte e na certeza das pessoas em almejar um futuro digno, nem que, para isso, a batalha precise continuar. Um alento que torna real a força da fé. Quando ela é gigantesca, nada consegue destruí-la. Como o próprio Jorge mostrou, se o dragão está fora ou dentro de alguém, na oração é possível combatê-lo. É preciso ter garra, convicção e foco, além de fé, esperança e disposição para a caridade. Não há trevas que resistam quando a luz interior é ainda maior.

Um santo militar

São Jorge ficou célebre como "Santo Guerreiro", e sua importância na trajetória do Cristianismo é grande. Suas ações se basearam na fé no divino onipotente e detentor da Verdade, em um momento da humanidade em que se adoravam deuses diversos. Nesses tempos, qualquer desvio em relação à crença estabelecida poderia ser o estopim de um ódio que resultaria em mortes brutais.

Os Santos Guerreiros compartilham de uma trajetória comum em suas histórias de vida. Geralmente, atuavam como soldados do Império Romano, mas em vez de adorarem os ídolos venerados há séculos, como Júpiter, Netuno, Saturno e Vênus, entre outros, eram fiéis a um Deus único, ou seja, eram verdadeiros cristãos.

São Jorge e o Dragão, pintura de Hans von Marées, de 1880.

Busto do imperador Constantino I, que adotou o Cristianismo em Roma.

São Jorge e os santos militares: acima, São Teodoro (séc. IX); abaixo, São Demétrio, em pintura de Michael Damaskenos (séc. XVI).

Chi-Rho, cristograma usado no lábaro de Constantino a partir de 317.

O conflito com as práticas religiosas romanas bastava para colocá-los em risco. A recusa em relação à prática dos rituais levava os senadores e o próprio imperador a tomarem decisões extremas. Então, o soldado era martirizado. Entretanto, o que se aplicava como o fim de uma rebeldia na cabeça dos políticos romanos era apenas o início de uma forte devoção por parte do povo. A crença se espalhava por meio do boca a boca, ganhando outros territórios e resultando na edificação de igrejas em diversas partes do mundo.

Os Santos Guerreiros geralmente são representados em ações de batalha, prontos para o combate, como São Demétrio e São Teodoro. Eles se refletem ainda na figura de São Miguel Arcanjo, o chefe dos anjos, o mensageiro, o capitão dos céus e símbolo da humildade perante Deus.

Quais seriam os Santos Militares nessa ordem religiosa? Entre outros, São Sebastião, Santa Joana D'Arc, São Vítor, Santo Inácio de Loyola, Santo Expedito, São Floriano, São Procópio, Santo Adriano de Nicomédia, São Longino e São Tipásio. Mas entre os diversos mencionados, São Jorge é um dos mais populares, inclusive no Brasil. Ganhou, ainda na Idade Média, as terras da Europa Ocidental por meio das Cruzadas e chegou à América Latina graças aos portugueses. Cobriu-se de mitos e lendas que, na verdade, simbolizam a própria luta do bem contra o mal. Tradições que se perpetuaram e fascinam até hoje. É a representação simbólica dessa fé que está dentro de cada um que segue na sua devoção de amor, louvor e alegria. Um ato, além de muito bonito, heroico, já que, nos tempos atuais, a palavra "acreditar" conta cada vez menos no dicionário particular da humanidade.

A importância de Constantino

São Jorge é homenageado no dia 23 de abril, feriado na cidade do Rio de Janeiro desde 2002. Ainda que a data seja a de sua morte, é o momento em que os fiéis celebram a reconstrução da igreja erguida na cidade de Lida, onde estão guardadas algumas de suas memórias. E o mais interessante: a edificação foi construída a mando de um imperador romano: Constantino I. Um homem de extremo poder, que detinha em suas mãos a mais forte nação do mundo e um passado dedicado à adoração a deuses diversos. Um líder que preferiu cultuar um soldado que marcou sua trajetória de vida pela fé em um Deus único, o dono da Verdade.

Constantino entrou para a História como o primeiro imperador romano a cultuar o Cristianismo, na sequência de sua vitória sobre Magêncio na Batalha da

Ponte Mílvia, em 28 de outubro de 312, perto de Roma. Mais tarde, ele atribuiu o triunfo ao Deus cristão. Segundo a tradição, na noite anterior ao combate, ele sonhou com uma cruz, na qual estava escrito em latim: "In hoc signus vinces" ("Sob este símbolo vencerás"). De manhã, um pouco antes da batalha, mandou que pintassem uma cruz nos escudos dos soldados e conseguiu uma vitória esmagadora sobre o inimigo.

No entanto, Constantino não abandonou claramente sua adoração ao deus imperial Sol, que manteve como símbolo principal em suas moedas até 315. Somente após 317 ele passou a adotar claramente lemas e símbolos cristãos, como o "Chi-Rho", emblema que combinava as duas primeiras letras gregas do nome de Cristo (ΧΡΙΣΤΟΣ, em grego) superpostas. Porém, em sua entrada solene em Roma, em 312, Constantino já havia se recusado a subir ao Capitólio para oferecer culto a Júpiter, atitude que repetiria nas suas duas outras visitas solenes à cidade para a comemoração dos jubileus do seu reinado, em 315 e 326. Entretanto, há controvérsias sobre sua real conversão, algumas fontes afirmam que ele nunca se converteu fielmente ao Cristianismo.

As voltas que o mundo dá

Jorge foi torturado e decapitado por se recusar a adorar os deuses romanos, e enfrentou essa batalha colocando sua fé no Deus único em primeiro plano. Hoje, ele está representado em medalhas, esculturas e outras fontes de veneração vestindo sua capa com o símbolo da cruz, montando seu cavalo e vencendo o dragão. Porém, ao contrário daqueles tempos, em que as imagens serviam como imposição, a simbologia apenas reforça sua existência, força e destreza. É a figura intacta que representa a fé de um homem que não se preocupou com a própria continuidade na Terra ao mostrar a um império o quanto adorava Deus. A imagem de Jorge, esteja ela onde estiver, representa a paz e o respeito pelas crenças diversas.

Jorge cresceu sabendo das manifestações do Divino, pois seus pais lhe ensinaram isso. Então, a vida se encarregou de lhe mostrar outras situações, que só aumentaram ainda mais essa fé, tornando-a inflexível a qualquer tentação. E ele cumpriu seu propósito até o fim. Seu caráter se manteve como a própria armadura que vestiu ao longo de seus dias como soldado do Império Romano. Ele foi, é e sempre será o Jorge guerreiro.

Em meio às lendas e festas repletas de promessas, o devoto de São Jorge é aquele que imita sua fé ao guerrear de forma pura e sem violência os males que o assolam. A devoção ao santo, largamente difundida durante os séculos, está imortalizada em igrejas, encontros, orações, agradecimentos e pedidos. A fidelidade de Jorge a Deus, que arrebatou muitos romanos, é representada em cada fiel. Especialmente naqueles que souberam discernir sem medo o propósito divino diante dos grandes chefes de Roma, acalentando outros aflitos. Faz-se o tempo de pedir e o de agradecer. Jorge sempre entendeu isso e era grato. Tanto que padeceu nas mãos dos homens mais frios de sua época, em um tempo em que não havia meio-termo. O soldado manteve-se firme em seu propósito. Guerreou com as próprias emoções e ensinou aos outros a mesma lição. E diante da lâmina que o iria decapitar, não esmoreceu. Foi firme, tornando-se essencialmente puro, um guerreiro, um santo militar, um mártir de sua devoção. Hoje, Jorge da Capadócia está imortalizado, e sua história faz parte da trajetória da própria humanidade.

Capítulo VI

A saga de Jorge pelo mundo

Logo após sua morte, a devoção ao santo se espalhou por diversos lugares, especialmente no Império Bizantino.

De Nicomédia, na Ásia Menor, os restos mortais de Jorge foram transportados para Lida, terra de sua mãe. Pouco tempo após a morte dele, Constantino I se tornou imperador e um forte simpatizante do Cristianismo, mandando construir um templo em homenagem ao guerreiro da Capadócia.

Nos primeiros séculos após o martírio do santo, cerca de quarenta conventos voltados à celebração de Jorge já haviam se espalhado por todo o Egito, dando continuidade aos ensinamentos deixados pelo bravo militar decapitado. Quando vivo, ele certamente jamais imaginou onde chegaria o poder de sua fé. Logo, outras igrejas foram edificadas em terras egípcias. Em Constantinopla, nada menos que cinco templos em homenagem a São Jorge surgiram, passando a receber um número cada vez mais expressivo de cristãos, que acreditavam no poder da crença do guerreiro. Eles seguiam seus passos de forma firme e fervorosa, e o número de fiéis por toda a região só aumentava.

No Império Bizantino – continuação do Império Romano durante a Idade Média –, São Jorge já era visto como um dos maiores santos da Igreja Católica. Isso acontecia principalmente na Armênia e na Grécia. A popularidade de seu nome crescia a cada instante, e muitos eram os seguidores que buscavam saber ainda mais sobre sua trajetória de vida, luta, força e decisão. A coragem de Jorge, que não deixou nem mesmo a possível sentença de morte abalá-lo, foi o que colocou as pessoas em posição de batalha contra os males de suas próprias vidas. Isso fez com que o santo se tornasse querido e amado.

***A Decapitação de São Jorge*, pintura de 1380.**

SÃO JORGE 79

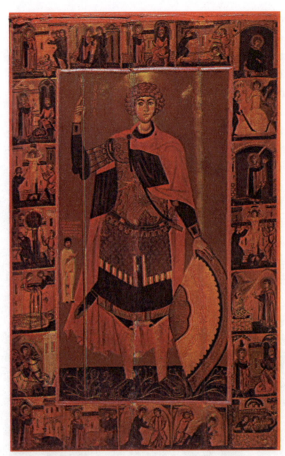

São Jorge e Cenas de sua Vida, século XIII.

O tempo foi amigo dessa saga de peregrinação. São Jorge tornou-se padroeiro de cidades distantes entre si, como Gênova, na Itália, Londres, no Reino Unido, e Moscou, na Rússia. Da mesma forma que os gregos fizeram, os ingleses o escolheram como padroeiro da nação, e a cruz vermelha, símbolo do guerreiro, se tornou a própria bandeira do país. Não se sabe ao certo como ele se tornou padroeiro do país, mas é fato que a saga de Jorge da Capadócia já era conhecida pelos ingleses antes mesmo da conquista normanda, no século XI. Durante as Cruzadas, sua história foi difundida por vários outros lugares, o que fez sua popularidade crescer ainda mais.

Na Catalunha, os próprios reis deixavam claro ao povo sua devoção por São Jorge. Conquistas eram creditadas ao santo, que teria colaborado para os resultados satisfatórios. Todas as regiões locais passaram a homenageá-lo e festas eram promovidas em sua honra, com a população participando ativamente das comemorações. As celebrações tornaram-se públicas, oficiais e obrigatórias, o que evidenciava a popularidade do santo. No próprio Palácio de la Generalidad, então sede do governo catalão, foi colocado um medalhão com a imagem de São Jorge em sua fachada em uma das reformas. Mais do que isso: uma capela foi construída no interior da suntuosa edificação.

A devoção se estendeu a Portugal. Não à toa, o grito "Sant'Iago!" foi modificado para "São Jorge!" ao anteceder as batalhas. Em uma nação fervorosamente cristianizada, logo passou-se a atribuir ao santo o sucesso português nos combates travados contra os inimigos. Venerado pelos reis do país, ele passou a ser reconhecido por muitos como padroeiro da nação ibérica.

No sentido anti-horário, diferentes representações de São Jorge encontradas pelo mundo. Acima: ícone bizantino do século XI; painel alemão, de 1470; quadro de autoria do italiano Lelio Orsi, de 1550; pintura do alemão Wilhelm von Diez, de 1897; e obra do espanhol Bernat Martorell, do século XV.

SÃO JORGE

A imponente estátua de São Jorge na cidade de Zagreb, Croácia.

Além do Cristianismo

Se as Cruzadas fizeram disseminar a história de São Jorge pela Europa, os portugueses foram os responsáveis por implantar a devoção ao santo no Brasil, onde o culto a ele ultrapassou os limites do Cristianismo. É possível ver São Jorge inserido na arte e em lendas, sem contar que ele é celebrado na Umbanda como Ogum, ou seja, alcançou outras religiões, sendo bastante amado.

Além de padroeiro extraoficial da cidade do Rio de Janeiro, São Jorge também é venerado pelos escoteiros, pelo Exército e pela Cavalaria. É padroeiro de Ilhéus, na Bahia, e está inserido no Carnaval e no esporte.

Por longos períodos, aliás, a arte divulgou São Jorge. Dois quadros famosos do pintor italiano Raphael estão no Louvre, em Paris. Ambos são intitulados

Duas pinturas representando São Jorge em sua luta contra o dragão feitas por Raphael durante o século XVI.

Jorge e o Dragão. Considerado um mestre da pintura e da arquitetura, o artista trabalhava inspirado pela perfeição e a suavidade, presentes em suas obras. E tão grande era sua fama que ele era chamado de "Príncipe dos Pintores" pela corte papal e pela aristocracia na época do Renascimento. Há outras diversas obras na Itália que remontam a algum momento do Santo Guerreiro, como a estátua esculpida, em 1417, por Donatello.

Inspiração para todos

A história do guerreiro da Capadócia é bastante interessante. A questão da firmeza em manter seus ideais sobre qualquer posição de medo é algo que coloca Jorge em um patamar de grande adoração, fazendo dele o símbolo perfeito da perseverança. As pessoas buscam isso a todo instante na vida, inspirando-se no soldado que precisou guerrear para fazer valer sua crença em Deus, mesmo que isso tenha significado seu martírio. Diariamente, elas se veem forçadas a lutar de forma incessante e a manter seus propósitos, vencendo a maldade e os tormentos internos. E a figura de São Jorge mostra, se não o caminho, a ideia de como perseverar diante dos muros psíquicos que este mundo tão cheio de obstáculos impõe em todos.

Existe, em toda a história que envolve São Jorge, uma inquestionável certeza: a perseverança e a fé foram responsáveis diretas pela difusão de sua força e santidade pelo mundo. Ele foi um homem bondoso, mas, acima de tudo, justo. E o que poderia ter colocado um ponto final em sua crença – o prenúncio de sua morte, uma imposição do inflexível Diocleciano – apenas serviu para que seu objetivo maior fosse alcançado: espalhar sua fé pelos quatro cantos do planeta para que fosse eternizada.

Estátuas de São Jorge pelo mundo: acima, à esquerda, em Berlim, Alemanha; ao lado, em Tbilisi, Geórgia; acima, à direita, Filadélfia, EUA.

Capítulo VII

As qualidades de um bravo

Seis características marcaram a trajetória de Jorge durante sua vida. Todas elas inspiram e emocionam os fiéis nas mais diversas partes do mundo.

Jorge teve uma vida marcada pela fé, e sua trajetória, fundamentada nas certezas que tinha, venceu os séculos, permanecendo viva até hoje. Sua saga deixou um legado para os fiéis, que o adoram incondicionalmente. Além da perseverança, o amor que ele nutria pelo Deus único imortalizou sua história.

Embora para muitos um soldado simbolize força – um ser bruto, com dom para as armas e as batalhas –, Jorge mostrou a humildade do homem que se curvava diante do divino. Seis características o marcaram fortemente: fé, esperança, caridade, força, poder e decisão. Elas se uniram e marcaram o destino de alguém que buscou um Deus maior.

Há um dado interessante nelas: três correspondem ao Jorge soldado (força, poder e decisão), imprescindíveis para quem está à frente de vários soldados em um campo de batalha. E quando o assunto é "batalha", isso não diz respeito apenas ao mundo externo. Há o combate interno, vivenciado pelas pessoas e muitas vezes ignorado. É desafiador ter coragem, domínio e disposição para enfrentar isso. Juntar força, poder e decisão é animar grandes soldados, guerreiros que enfrentam as mazelas da vida.

As outras três características (fé, esperança e caridade) fazem referência ao Jorge religioso, o homem fiel, que buscava a Verdade dentro de si. Remetem ao garoto que teve ótima educação e ouvia os conselhos dos pais. Trazem à tona o jovem que, apesar da adoração pelas armas, sempre mostrou a crença em um Deus que ultrapassava os desejos materiais. E finaliza com o adulto de fé, que foi até as últimas consequências para provar quanto acreditava em Jesus e em Deus.

Essas seis qualidades fizeram dele um homem único em seu tempo. Tanto que ganhou a confiança do imperador, o próprio "dono do mundo" – se for levado em consideração o enorme poder que Diocleciano detinha então –, que mais tarde se voltou contra o soldado. Essas características o colocaram na mira de Roma, mas os camponeses, cidadãos e os colegas de profissão atentaram para seus ensinamentos. Diversos deles deixaram de lado as antigas crenças e se firmaram no Cristianismo, passando a acreditar na vinda de Jesus e em um Deus que a tudo rege e protege.

As seis características geraram as lendas que cercam a trajetória de vida desse guerreiro. O cavaleiro que, de forma destemida, enfrentou o dragão para salvar a princesa é, sem sombra de dúvidas, um homem de força, poder e muita decisão. Um único resquício de medo o colocaria em uma situação difícil, e, certamente, seria muito mais complicado combater a ira do monstro. Sua crença, o foco na esperança e o desejo de caridade foram imprescindíveis para que a história tivesse o desfecho conhecido. Jorge teve fé ao seguir adiante na batalha para livrar a jovem das garras do dragão, e altruísmo em salvar toda uma cidade do terrível cotidiano que estavam enfrentando.

O Jorge guerreiro da Lua é também um homem generoso e forte. A posição em que se encontra – sobre seu cavalo, com a arma branca detendo o monstro das trevas – é a prova disso. O santo foi um homem especial, e suas qualidades o elevaram a um patamar único. Ele quebrou a barreira do tempo e está presente em cada um que acredita nele, de várias formas. Tornou-se padroeiro de diversos lugares, sendo reverenciado e festejado. Muitas são as promessas feitas para ele. Pessoas clamam por São Jorge em qualquer dia do ano. No Rio de Janeiro, por onde quer que se ande, não é difícil perceber a adoração. Está nas imagens de casas e lojas, em gargantilhas e em adesivos usados em automóveis. O povo acredita e confia em suas ações.

O onipresente

Jorge da Capadócia guerreia ainda hoje por meio de seus fiéis. A batalha travada é contra as dores do espírito e tudo que o acomete. Ele segue firme e forte sobre seu cavalo branco, com a arma pronta. É um santo militar que jamais foi esquecido, que rege a bênção sobre diversas cidades e países. Um ser especial, que mostra, por meio de sua força interior, quanto as pessoas precisam se posicionar de forma positiva diante dos obstáculos que surgem na vida.

São Jorge está nas igrejas, nos carros e na arte. Está em todos os lugares para onde os olhos são dirigidos. Até no céu, quando a Lua é avistada, pois foi nesse céu imenso e acolhedor que ele acreditou quando resolveu desafiar o imperador Diocleciano, declarando-se devoto de um Deus único. Tornou-se um mártir do Cristianismo e não deixou sua palavra ser silenciada.

Jorge sempre buscou a verdade e ela está presente. O céu, que se resume na imensidão infinita, por si só declara a imortalidade. As pessoas são eternas, e é isso que o Santo Guerreiro sempre quis mostrar.

O São Jorge africano

Ogum, divindade ancestral cultuada em toda a África Ocidental, atravessou o Atlântico com os escravos trazidos para as lavouras das Américas. Como todas as deidades africanas, teve de se "combinar" a um santo católico para manter sua força arquetípica (imagem, culto e fé) viva nos corações dos afrodescendentes nascidos no Novo Mundo. A figura de São Jorge – mártir e herói dos alvores do Cristianismo, único pela sua coragem extraordinária e um santo já favorito de reis e exércitos à época do nascimento das novas nações americanas – identificou-se com a do valente Ogum africano, orixá (ser divino) eminentemente protetor, a quem os escravos clamavam em momentos de perigo iminente.

O fenômeno do sincretismo religioso, conforme explica a psicóloga Madalena Tavares – estudiosa da Mitologia Comparada e dos grandes arquétipos divinos que povoam as representações místicas dos povos do mundo –, de maneira alguma se restringe ao Brasil. Trata-se de um mecanismo natural de absorção de características de um grande símbolo por outro anterior (e semelhante) a ele. O sincretismo entre divindades africanas e santos católicos ocorre em todo o continente americano. A Santería cubano-caribenha chegou também ao mundo anglo-saxão da América do Norte, e hoje, em Miami (EUA), há a igreja da Virgem La Caridad del Cobre, padroeira de Cuba, uma santinha totalmente sincretizada com o orixá Oxum, inclusive em suas cores e oferendas votivas (amarelo-dourado, flores e velas). O papa Francisco visitou, recentemente, o santuário da Caridad del Cobre, em Santiago de Cuba, e rezou muito para a santa, cultuada tranquilamente pelos cubanos como "una Oshún".

No caso de Ogum, orixá conhecido desde a Idade do Bronze na África, ou seja, antiquíssimo em sua "existência" – e considerado deus guardião de cidades, coberto por capacete metálico e couraça, além de portador de lança e facão –, assimilou-se perfeitamente, no Brasil colonial, à figura do soldado branco, oficial do exército romano nascido na Capadócia. De alma muito pura, Jorge, ainda muito jovem, já era cristão. Hábil em utilizar sua lança e vitorioso nas guerras, acabou sendo martirizado à época do imperador Diocleciano, que perseguia os cristãos sem piedade. Jorge havia se recusado a matar cristãos, considerando isso uma covardia atroz. O herói que não hesitava em combater monstros e algozes terríveis recusava-se obstinadamente a qualquer ato de covardia contra os indefesos. Nascem aí os ideais do "nobre combate", da guerra "certa", com necessário propósito. Vemos claramente em São Jorge a disciplina interior de conseguir autodominar-se para usar de sua força somente nas ocasiões que requeiram energia fortíssima.

O sincretismo de São Jorge com Ogum, no Brasil, é um fenômeno de fé realmente bonito de se ver. Não importa se os intelectuais das universidades ou os mais famosos chefes de candomblés brasileiros desejam a "dissociação" entre Ogum e Jorge, os dois santos permanecem colados como duas faces do mesmo arquétipo. "É o mesmo vigor, as mesmas tarefas, as mesmas virtudes. Até mesmo o porte, os símbolos (lanças, metais, armadura, capacete) e a 'psicologia pessoal' virtuosa, austera, fugidia de honras e defensora dos necessitados", observa a psicóloga Madalena Tavares.

Para obter a comprovação dessa afirmação, basta que se vá no dia da festa do santo à pequena igreja de São Jorge e São Gonçalo Garcia, no centro do Rio de Janeiro, esquina da Rua da Alfândega com a Praça da República. Todo dia 23 de abril, São Jorge é ali festejado com as mais espetaculares manifestações de fé, amor e verdadeira paixão por parte de seus fiéis. Soltam-se fogos e rojões à menção de seu nome bem-amado. Quem ali vê São Jorge vê também Ogum. Cristãos, candomblecistas, espíritas-umbandistas ali se congregam pedindo novas graças ou agradecendo as já recebidas. África, Europa e Brasil unidos na imagem do santo herói. Um espetáculo inesquecível.

Eles acreditam

Zeca Pagodinho

Não é possível falar em São Jorge no Brasil sem citar Zeca Pagodinho. Um dos devotos mais fervorosos do santo, o cantor e compositor já comprovou que leva a sério a tradição. Em seu apartamento, na Barra da Tijuca, ele tem a imagem do santo e não deixa de prestar sua homenagem assim que acorda. A fé, para ele, é algo muito sério. *"Ele está sempre em lugares perigosos, onde Deus prefere não estar. Abre caminhos com sua espada poderosa. É guerreiro e protetor"*, diz.

Não é à toa que Zeca também tem uma imagem de quatro metros de altura de São Jorge no jardim do sítio que mantém em Xerém, na Baixada Fluminense, para onde vai quando quer descansar. *"Peço a São Jorge, santo dos sambistas e da malandragem, que anda pela noite, que me guie e me proteja. Divido os pedidos porque, senão, acaba congestionando a linha"*, explica com bom humor.

Na hora de escolher o repertório, Zeca também pensa no santo. Tanto que gravou a música "Ogum", de Marquinho PQD, cujo refrão diz: *"Sim, vou à igreja festejar meu protetor e agradecer por eu ser mais um vencedor nas lutas, nas batalhas"*. Como na letra, Zeca faz questão de festejar o dia 23 de abril, em que São Jorge é celebrado.

Aílton Graça

O ator é um otimista nato; é difícil vê-lo sem um sorriso no rosto ou em um momento de baixo-astral. Fé é o que não falta para Aílton Graça. Na mesinha de cabeceira, ele possui uma belíssima imagem de São Jorge e outra de Nossa Senhora Aparecida. O artista não fica preso a pedidos. Na maioria das vezes, prefere manifestar seus agradecimentos. *"Tenho o hábito de agradecer aos dois por todas as coisas"*, diz ele, que não espera os dias dedicados aos santos para homenageá-los. *"Eu procuro fazer isso no dia a dia"*, completa.

Aílton garante: o santo abriu todos os seus caminhos, desde que era muito menino. O ator afirma que a relação cresceu depois que se envolveu com o universo do samba, mas o amor nasceu ainda em casa. *"Minha família é da Bahia, e lá eles faziam muitos cortejos. Sou filho de Ogum, e muita coisa na minha vida passa por esse canal"*, conta ele, que cita a música "São Jorge" – composta por Kiko Dinucci e cantada por Juçara

Marçal – para expressar sua devoção pelo santo. *"São Jorge tem várias armas, e uma delas, citada nessa canção e na qual acredito piamente, é o sorriso. Eu sou muito otimista. Um dos escudos de São Jorge é enfrentar a vida sorrindo, de bem com a vida, e é dessa maneira que quero continuar guerreando nos espaços pelos quais estou enveredando"*, finaliza.

Jorge Ben Jor

Cantor e compositor, Jorge Ben Jor foi seminarista e tem devoção por alguns santos, como São Tomás de Aquino. Nada, porém, é tão fervoroso quanto sua crença em São Jorge, que na Umbanda é Ogum. Por isso, acredita ser ecumênico. *"Faz parte dessa filosofia. A igreja sabe e isso já foi discutido várias vezes. Uma coisa que os negros africanos tiveram que inventar foi associar cada orixá deles a um santo para que pudessem sobreviver. Essa é a mística"*, explica o artista, que classifica São Jorge como santo da "série B", como, segundo ele, também é São Tomás de Aquino.

Quando é Dia de São Jorge, o cantor segue uma tradição: amanhecer na igreja dedicada ao santo, em Quintino, na zona norte do Rio de Janeiro. Em sua carreira, ele já prestou homenagens ao guerreiro. A primeira foi na música "Jorge da Capadócia", de 1975. Em 1989, mais uma: na canção "Cowboy Jorge". Em 1993, lançou um álbum intitulado "23", com a imagem do santo na capa. Além disso, a cada estreia de um novo trabalho, o artista se apresenta de branco e com uma imagem do Santo Guerreiro por perto. Jorge Ben Jor também gravou, com Zeca Pagodinho, a música "Ogum", que possui uma oração.

Jorge Aragão

Outro cantor devoto do santo é Jorge Aragão. Ele, porém, não consegue ir à igreja no Dia de São Jorge. *"O Ben Jor consegue ir, mas comigo não funciona assim. As pessoas não respeitam minha fé, não sei por quê. Querem tirar fotos, pedem autógrafos... É igual quando vou a algum velório. Por causa disso, passo de carro pelas romarias e também faço minhas orações. Tiro o dia para me dedicar a esse grande amigo que é São Jorge"*, pontua o artista.

A devoção pelo santo já uniu Jorge Aragão, Jorge Ben Jor e outros homônimos em um show no Rio de Janeiro, ao ar livre, para a comemoração do dia dedicado ao santo. Isso fez parte do projeto Coisa de Jorge, que originou um CD e um DVD. Para o cantor, foi um grande prazer unir o útil ao agradável e comemorar a data se apresentando com o amigo. *"Tocar cavaquinho com Jorge Ben Jor... Quando ele me convidaria? Nunca! Só com a ajuda de São Jorge mesmo"*, brinca o sambista.

Jorge Vercilo

O cantor e compositor Jorge Vercilo tem uma ligação com São Jorge desde o nascimento, e não por acaso tem o mesmo nome do santo. *"Minha história de devoção começou com minha mãe, no meu nascimento. Ela, Ieda Barbosa, na época com 29 anos, só descobriu que estava grávida de mim já quase no quarto mês de gestação. Até então, ela achava que estava com algum problema, já que se sentia muito mal e não conseguia detectar o feto em nenhum exame. Os médicos acharam que era problema na vesícula ou pedras nos rins. Durante todo esse tempo, ela tomou medicamento e fez exames de raio X, o que é proibido para grávidas por causa da radiação"*, conta o artista, que quase não nasceu. *"Os médicos orientaram minha mãe a tirar a criança, pois ela já tinha sido exposta a muita química e medicação. Então, o risco de eu nascer com malformação era enorme. Nessa época, ela, que sempre foi muito apegada a Santa Bárbara e São Jorge, prometeu ao Santo Guerreiro que, se eu nascesse sem problemas, daria seu nome para mim. E assim foi. Nasci perfeito e sem sequelas"*, revela Vercilo, que cultua o santo. *"Pratico essa minha fé buscando combater injustiças e sempre me colocando ao lado dos mais fracos. Procuro perpetuar o nome e a história de Jorge, como rolou no projeto Coisa de Jorge, quando me reuni com Jorge Mautner, Jorge Aragão e Jorge Ben Jor para homenagearmos o santo com um show na praia, no dia dele, e a gravação de um CD e um DVD"*, completa.

De frente com o Santo Guerreiro

São Jorge simboliza o trabalho, a luta, a guerra e a vitória, e na natureza está ligado aos metais. O guerreiro é um dos santos mais queridos no Cristianismo e nas religiões afro-brasileiras (Umbanda e Candomblé), representado por Ogum, o orixá da guerra.

Ele está, frequentemente, vestido com sua armadura de metal, que representa a força da fé em vencer os inimigos, e uma espada, que simboliza as armas interiores para combater os problemas. O cavalo branco está relacionado à pureza indomada da fé em Deus e em si próprio, enquanto a capa vermelha é a força e a autoconfiança para vencer os obstáculos e os desafios da vida. O dragão representa todos e quaisquer inimigos e problemas a serem enfrentados.

Que possamos andar vestidos e armados com a proteção divina de São Jorge, que nos ensina a vencer nossos inimigos materiais e espirituais. As orações de São Jorge, o guerreiro, abrem caminhos e quebram todas as energias negativas.

Com sua espada, ele corta todos os males direcionados a alguém e abre seus caminhos. A sua "armadura sagrada" deve ser vestida todos os dias por meio da fé e da verdade. Vestido com seu manto e segurando sua arma, São Jorge ajuda os fiéis a enfrentarem "dragões" como a inveja e as energias negativas que os rodeiam ao longo da caminhada.

A data de 23 de abril é dedicada à comemoração do Dia de São Jorge, reconhecido no mundo todo por suas graças divinas. Para fortalecer a armadura sagrada de proteção dele, faça os rituais e receba vitórias e prosperidade do Santo Guerreiro. Seu dia da semana é a terça-feira, quando há boas vibrações ligadas a ele.

Oração de São Jorge

Ó São Jorge, meu Santo Guerreiro, invencível na fé em Deus, que trazeis em vosso rosto a esperança e a confiança, abri meus caminhos. Eu andarei vestido e armado com vossas armas para que meus inimigos, tendo pés, não me alcancem; tendo mãos, não me peguem; tendo olhos, não me enxerguem; nem pensamentos possam ter para me fazerem mal. Armas de fogo o meu corpo não alcançarão, flechas e lanças se quebrarão sem a meu corpo chegar, cordas e correntes se arrebentarão sem o meu corpo amarrar. Glorioso São Jorge, em nome de Deus, estendei vosso escudo e vossas poderosas armas, defendendo-me com vossa força e grandeza. Ajudai-me a superar todo desânimo e a alcançar a graça que Vos peço (fazer aqui o seu pedido). Dai-me coragem e esperança, fortalecei minha fé e auxiliai-me nesta necessidade.

Oração do manto santo de São Jorge

São Jorge guerreiro, vencedor do dragão, rogai por nós. São Jorge militar valoroso, que com a vossa espada abateste e venceste o dragão feroz, vinde em meu auxílio nos perigos, nas dificuldades e nas aflições. Cubra-me com o vosso manto, ocultando-me dos meus inimigos e perseguidores. Protegido por vosso manto, andarei por todas as estradas, viajarei por todos os caminhos, de noite e de dia, e os meus inimigos não me verão, não me ouvirão e não me acompanharão. Sob a vossa proteção, não cairei, não derramarei meu sangue e não me perderei. Assim como o Salvador esteve por nove meses no ventre de Nossa Senhora, assim eu estarei bem guardado e protegido sob o vosso manto, tendo sempre São Jorge à minha frente, armado com sua espada e seu escudo. Amém.

Oração da espada de São Jorge

Glorioso guerreiro São Jorge, eu te suplico, confiante que serei atendido neste momento difícil da minha vida. Em nome de Nosso Senhor Jesus Cristo, com vossa espada de luta, venha cortar todo mal e, principalmente, (faça seu pedido). Com a força do teu poder de defesa, eu me coloco sob a proteção do teu escudo, para combater o bom combate contra todo mal ou influência negativa que estiver em meu caminho. São Jorge cavaleiro, me guie. São Jorge guerreiro, me defenda e me proteja. Amém.

Oração da chave de São Jorge

Com esta chave abençoada, eu peço a Deus pela intercessão de São Jorge. Que me conceda a graça de abrir meu coração para o bem, meus caminhos para os bons negócios e as portas da prosperidade, da caridade e da paz, para eu estar sempre próspero e feliz. Com esta chave, em nome de Deus, eu fecho meu corpo contra todas as maldades deste mundo: as perseguições e espíritos malignos. Que meu anjo da guarda sempre me ilumine e me guarde. Com o poder da fé, misericórdia de Deus e a ajuda de São Jorge guerreiro. Amém.